Resilienz
steigern

Der praxisorientierte Ratgeber um die innere Stärke zu mobilisieren, Krisen zu bewältigen und Burnout vorzubeugen Inkl. praktischen Übungen zu den 7 Säulen der Resilienz

Dipl. Soz. päd. Jürgen Simonis

Remote Verlag
www.remote-verlag.de

Bibliografische Information der Deutschen Nationalbibliothek

Die Deutsche Nationalbibliothek verzeichnet diese Publikation in der Deutschen Nationalbibliografie; detaillierte bibliografische Daten sind im Internet über http://dnb.dnb.de abrufbar.

Für Fragen und Anregungen:

info@remote-verlag.de

Zweite Auflage 2021 Remote Verlag,
ein Imprint der Remote Life LLC, Powerline Rd., Suite 301-C, 33309
Fort Lauderdale, Fl., USA

Covergestaltung: Wolkenart - Marie-Katharina Wölk,
www.wolkenart.com
Lektorat: Ortwin Wendt
Satz: Melvyn Paulino
Bildnachweis: Depositphotos.com

ISBN Print 978-3-948642-00-6

Weitere Informationen zum Verlag finden Sie unter: www.remote-verlag.de

Inhaltsverzeichnis

ÜBER DEN AUTOR

Literaturverzeichnis

Stirb und werde – Einleitung

„Und so lang du das nicht hast,
dieses Stirb und Werde,
bist du nur ein trüber Gast
auf der dunklen Erde."
Johann Wolfgang von Goethe

In den vielen Jahren meiner Arbeit mit Klienten und mir selbst habe ich immer wieder nach Wegen gesucht, um mit Blockaden, Hindernissen und Spannungen, die ich in mir selbst fand oder die mir von außen in den Weg gestellt wurden, umzugehen.

Auf meinem Weg durfte ich viele interessante Frauen und Männer kennenlernen, von denen ich lernen konnte. Dabei bin ich immer wieder neuen Methoden begegnet, die mir bei den unterschiedlichsten Herausforderungen des Lebens in meiner Rolle als Vater, Partner, Freund, Kollege usw. weitergeholfen haben.

Mir wurde bewusst, dass die Entwicklung der eigenen Persönlichkeit, hin zu mehr Bewusstheit und Freiheit und letztlich zur Steigerung des Selbstwerts in der Balance und gleichmäßigen, schrittweisen Entwicklung von Körper, Geist und Seele liegt. Das Gleiche gilt für die Resilienz, also die psychische Widerstandsfähigkeit, die aus meiner Sicht untrennbar mit der Entwicklung des Selbstwerts verbunden ist. Nur dann kann ich wirklich und nachhaltig erfolgreich sein und dies ausstrahlen. Um mich selbst und meine Klienten bei der Entwicklung dieser Widerstandsfähigkeit gegenüber den Rückschlägen und Herausforderungen des Lebens zu stärken, habe ich mich mit diesen Themen intensiv auseinandergesetzt.

Ich selbst arbeite seit über 20 Jahren als Berater und Trainer und greife dabei auf Hypnose, Entspannungsmethoden sowie Körperarbeit zurück. Zusätzlich unterstütze ich meine Klienten als zertifizierter Resilienztrainer. Ich helfe meinen Klienten, Stress und Belastungen zu reduzieren und begleite sie auf ihrem Weg in ein gesundes, energievolles und selbstbestimmtes Leben.

Vorweg, dem einfachen Verständnis und der flüssigen Lesart geschuldet, spreche ich meine LeserInnen im Buch mit der herkömmlichen männlichen Schreibweise „Leser" an. Wobei wir schon mehr oder weniger mitten im Thema sind. Resilienz und seelische bzw. psychische Widerstandsfähigkeit haben viel damit zu tun, wie ich Entscheidungen treffe und zu diesen stehe, ob ich mich in Details verliere oder mich mit dem Großen und Ganzen beschäftige, um das es mir geht, ob ich es jedem recht machen will usw. Dazu später mehr.

Mir geht es in meinem Buch darum, dass ich die Dinge und Themen, die ich beschreibe möglichst praxisnah und verständlich erkläre, sodass du dich in dem Buch wiedererkennst bzw. Situationen oder auch andere Menschen wiedererkennst und du dadurch einen Mehrwert für dich gewinnen kannst. Mir geht es in meinem Buch NICHT darum, weitere hundert Studien und Literaturhinweise zu wiederholen, die es ohnehin schon zur Genüge gibt.

Es kann vorkommen, dass ich auf Beispiele eingehe, mit denen du nichts anfangen kannst. Wobei – um den Zusammenhang zur Hypnose herzustellen – dein Unbewusstes und Unterbewusstsein alle Beispiele verstehen wird. Manche Themen und Beispiele werden dich wahrscheinlich mehr oder auch weniger ansprechen.

Wenn du dich also auf eine verständliche, praxisnahe Ausführung zum Thema Resilienz einlassen möchtest, dann bist du mit diesem Buch bestens ausgestattet. Manchmal wirst du dir denken: „das ist doch logisch" oder „ist doch klar, dass weiß ich doch schon lange". Gerade bei diesen scheinbar völlig simplen Beispielen ist es oft wichtig, einmal zu schauen, wo mir etwas Ähnliches im Alltag begegnet oder warum gerade das scheinbar „vollkommen logisch" für mich ist und ich aber gleichzeitig einen eigenen Anteil übersehe.

Es kann vorkommen, dass ich mich bei manchen Dingen wiederhole und ähnliche Beispiele bringe. Es kann sein, dass ich etwas zum Thema Akzeptanz schreibe und du dir denkst, dass es doch mit Verantwortung zusammenhängt. Dies ist der Tatsache geschuldet, dass die Resilienzfaktoren miteinander verknüpft sind und dadurch nicht unabhängig voneinander betrachtet werden können.

Darüber hinaus gebe ich dir zu den Schlüsselfaktoren der Resilienz praktische und einfach umsetzbare Übungen an die Hand, mit deren Hilfe du direkt deine Resilienz steigern kannst. Du erfährst, wie du innerlich stärker wirst und dadurch Krisen bewältigen und Burnout vorbeugen kannst.

Die Schlüsselfaktoren der Resilienz in Verbindung mit den Beispielen und Übungen helfen dir dabei, Stress und Belastungen zu reduzieren und mehr Freiheit und Energie zu gewinnen.

Dieses Buch ist nicht als Therapie gedacht und ersetzt bei ernsthaften Problemen nicht den Besuch beim Arzt oder Psychotherapeuten.

Des Weiteren kann ich aus eigener Erfahrung sagen, dass ich noch nie das EINE BUCH gelesen habe, das die ultimative Wahrheit enthält. Ich habe sehr, sehr viele Bücher zu diesem und ähnlichen Themen gelesen! Es gibt viele Bücher zum Thema Selbstwert, Resilienz, Widerstandsfähigkeit und Ähnlichem. Es gibt gute Bücher, die ich auch immer wieder zur Hand nehme, weil sie sehr inspirierend sind. Aber für mich ist ein Buch immer wieder eine neue Anregung. Eventuell ergeben sich bei der Lektüre neue Erkenntnisse und Aha-Erlebnisse. Es ersetzt aber keineswegs die Erfahrungen im realen Leben oder in wirklich komplizierten Sackgassen des Lebens eine gute Beratung durch einen Coach, Therapeuten, erfahrenen Mentor oder echten Freund. Es kann sein, dass es dich wundert oder stört, dass ich oft „und, oder, sowie" verwende, das hat den Hintergrund, dass es nicht die eine Wahrheit gibt. Gerade in unserer westlichen Welt ist das Entweder-oder- bzw. Schwarz-Weiß-Denken tief verankert. Aus diesem Grunde stelle ich verschiedene Sichtweisen dar und gehe auf Zusammenhänge und Hintergründe ein, die mir wichtig sind und die für das Verständnis eines umfassenderen Hintergrunds relevant sind.

Um den Zusammenhängen des Themas gerecht zu werden, werde ich zu Beginn kurz auf den Resilienzbegriff und die Entwicklung des Resilienzbegriffs eingehen.

Ich wünsche dir nun viel Spaß mit meinem Buch und neue wichtige Erkenntnisse für dein Leben.

Zum Begriff Resilienz – Ein Flugzeug hebt gegen den Wind ab, nicht mit ihm.

Knete vs. Gummi – Was ist resilienter?

Der Begriff Resilienz entstammt dem lateinischen *resilire* („zurückspringen' ‚abprallen').

Ursprünglich wurde der Begriff Resilienz im Bereich der Werkstoffkunde verwendet, um die spezifische Eigenschaft eines Stoffes zu beschreiben. Ein Werkstoff findet nach äußerer Einwirkung zum Beispiel durch Druck oder Verbiegen wieder in seinen ursprünglichen Zustand bzw. Form zurück.

Hierzu ein Beispiel: Ich möchte mir einen Bogen bauen. Dazu kann ich dann u. a. Eschen- oder Eibenholz verwenden. Eiche oder Birke ist im Gegensatz dazu nicht so gut geeignet für den Bogenbau, da es schneller bricht. Demnach sind Eschen- und Buchenholz (in diesem Zusammenhang) resilienter als Eichen- und Birkenholz.

Ein weiteres Beispiel: Du nimmst etwas Knetmasse und formst daraus eine kleine Kugel bzw. einen kleinen Ball. Nun drückst du mit dem Finger eine Delle in den Knetmassenball. Die Delle bleibt erhalten. Nimmst du nun einen kleinen Gummiball und drückst mit den Fingern Dellen hinein, findet der Gummiball immer wieder in seinen ursprünglichen Ausgangszustand zurück. Demnach ist der Gummi deutlich resilienter.

Soweit der kurze Ausflug in die Werkstoffkunde. In unserem Kontext beschäftigen wir uns mit Resilienz als seelische und psychische Widerstandsfähigkeit.

Ein resilienter Mensch ist in der Lage, Krisen zu bewältigen und dabei auf persönliche und vermittelte Ressourcen zurückzugreifen und diese Krisen zum Anlass für persönliche Entwicklung zu nutzen. Resilienz ist die Fähigkeit, Stress, Frust, Druck, Niederlagen und Rückschläge zu bewältigen und diese Herausforderungen durch Rückgriff auf persönliche und sozial vermittelte Ressourcen als Anlass für persönliche Entwicklung und Wachstum zu nutzen.

Im Zusammenhang mit Resilienz sind folgende Begriffe zu nennen:

• Coping (Bewältigungsstrategie),

• Hardiness (Widerstandsfähigkeit),

• Salutogenese (Entstehung von Gesundheit),

• Autopoiesis (Selbsterhaltung).

Vulnerabilität (Verwundbarkeit) ist das Gegenteil von Resilienz.

Eine Besonderheit des Resilienzkonzepts ist, dass Resilienz messbar ist. Siehe hierzu auch Kapitel 3 (Langzeitstudie von Emmy Werner).

Was eine paradiesische Insel mit Resilienz zu tun hat

Ein Blick nach Hawaii

Die amerikanische Entwicklungspsychologin Emmy Werner entwickelte in einer Langzeitstudie basierend auf 40 Jahren Beobachtungen von 698 Kindern hawaiianischer Ureinwohner der Insel Kauai, die 1955 geboren wurden, das Resilienzkonzept. Von diesen 698 Kindern wuchsen 201 Kinder in besonders schwierigen und benachteiligten Verhältnissen auf. Trotz der paradiesischen Landschaft herrschte auf der Insel das übliche Leid, wenn diese Paradiese von fremden Mächten beherrscht werden. Armut und Alkoholismus waren verbreitet. Die Tristesse pflanzte sich bereits in der zweiten Generation fort.

Werners Studie wurde 1977 veröffentlicht. Hieraus ging hervor, dass Kinder, die verschiedenen Risikofaktoren wie z. B. Armut, negatives Milieu oder Komplikationen bei der Geburt ausgesetzt waren, sich im Durchschnitt negativer entwickelten als Kinder, die in für unser Verständnis „normalen" Verhältnissen aufwuchsen.

14

Das Besondere an Werners Ergebnissen war jedoch, dass von diesen 201 Kindern, die in sehr schwierigen Milieus heranwuchsen, es 72 Kinder schafften, diese schwierigen Bedingungen zu meistern und ein geordnetes Leben zu führen.

Diese 72 Kinder können als resilient bezeichnet werden.

Aufgrund dieser Ergebnisse wurden 7 Schlüsselfaktoren ermittelt und benannt, welche entscheiden sollten, ob jemand gut mit Krisen umgehen und sogar noch gestärkt aus diesen hervorgehen kann.

Im Einzelnen sind das folgende sieben Säulen:

Optimismus:

Wenn du mit kräftezehrenden Problemen konfrontiert bist, ist es am wichtigsten, ruhig zu bleiben und zu wissen, dass es für jedes Problem die richtige Lösung gibt.

Das klingt oft abgedroschen und es fällt manchmal schwer, daran zu glauben und standhaft zu bleiben. Dennoch zahlt es sich langfristig aus!

Akzeptanz

Wie es hier bei uns in Köln schon in § 1 des kölschen Grundgesetzes heißt: „Et es wie et es".

Übersetzt: „Es ist, wie es ist". Sieh den Tatsachen ins Auge, erkenne die Krise und akzeptiere das, was geschieht. Das ist der erste Schritt, denn nur was sein darf, kann sich verändern.

Lösungsorientierung

Zu Lösungsorientierung wurde in der Literatur schon vieles gesagt und geschrieben. Hier kurz ein eigenes Beispiel: Wenn ich mich an dieser Stelle meines Buches darauf konzentriere und mir ständig vorstelle, was noch alles bis zur Veröffentlichung zu tun ist, dann wird das definitiv ein mühsamer und steiniger Weg! Wenn ich mich aber im Gegensatz dazu in die Zukunft in den Zeitpunkt hineinversetze, an dem es „geschafft" ist und dieses Gefühl einmal so deutlich wie möglich spüre (was im Übrigen auch Bestandteil meiner täglichen Arbeit in der Beratung und Hypnose ist), dann ist das etwas grundsätzlich anderes. Ich denke, du weißt, was ich damit meine.

Verlassen der Opferrolle

Als resilienter Mensch geht es darum, die Aufmerksamkeit auf sein eigenes Tun und Handeln zu richten. Fehler nicht bei anderen oder in der Umwelt zu suchen, sondern stattdessen zu schauen, wie ich weiterkomme. Was nicht heißen soll, dass nicht auch äußere Einflüsse meinen Erfolg oder mein Fortkommen beeinträchtigen oder auch stärken können. Auch ich kenne die Opferrolle nur zu gut und suchte oft die Schuld für meinen Zustand oder die Situation, in der ich war, bei anderen. Das kann u. U. wichtig und zutreffend sein, sich damit auseinanderzusetzen. Jedoch wird es irgendwann Zeit, diesen Zustand zu verlassen und wie im nächsten Punkt beschrieben, Verantwortung zu übernehmen.

Verantwortung

Es geht darum, die Verantwortung für das eigene Leben zu übernehmen. Dadurch fühlst du dich nicht länger dem Schicksal ausgeliefert, sondern gehst deine Themen aktiv an und sorgst für dein Befinden und Weiterkommen.

Unterstützend und wichtig dabei ist dein:

Soziales Netzwerk

Das soziale Netzwerk ist, sofern vorhanden (ansonsten ist es eine wichtige Aufgabe, dir dieses aufzubauen), wichtig, um bei Problemen oder im Lösungsprozess Ansprechpartner und ein offenes Ohr zu haben. Was natürlich auf Gegenseitigkeit beruht. Für viele Menschen ist es auch völlig neu oder schwierig, andere Menschen um Hilfe zu bitten oder sich zu erlauben, diese anzunehmen.

Zukunftsorientierung

Mit neuem Elan die eigene Zukunft planen. Natürlich im Rahmen deiner individuellen Möglichkeiten. Dies setzt voraus, sich selbst zu kennen und besser kennenlernen zu wollen, um dann im Rahmen dieser Möglichkeiten zu handeln.

Alles mit Geduld, „überschätze nicht, was du an einem Tag schaffen kannst und unterschätze nicht, was du in einem Jahr oder Monat erreichen kannst!".

Im Laufe der Zeit werden deine Möglichkeiten und Fähigkeiten größer. Dadurch, dass du die Zukunft im Rahmen deiner Möglichkeiten und Ressourcen planst, bleibt sie beherrschbar und in Zeiten von aufziehenden Stürmen des Lebens, bleibt dein Lebensschiff auf Kurs.

Es gibt neben den sieben Schlüsselfaktoren weitere interessante Modelle im Zusammenhang mit Resilienz wie z. B. die

Big-Five-Persönlichkeitsprofile:

In den 1930er Jahren entwickelten Allport, Thurstone und Odbert ausgehend von ca. 18.000 Begriffen, die menschliche Eigenschaften beschreiben, die Big Five. Bei den Big Five handelt es sich sozusagen um die Essenz dieser 18.000 Merkmale und Eigenschaften von Personen.

Ausgehend von einem niedrigen Neurotizismus-Wert (Neurotizismus: eine Persönlichkeit wird von stabil bis verletzlich und emotional labil eingeordnet) und bei leicht überdurchschnittlichen Werten in den übrigen Eigenschaften kann von einem resilienten Menschen gesprochen werden.

schwach ausgeprägt	Eigenschaft	stark ausgeprägt
ruhig, selbstsicher, stabil	Neurotizismus	labil, verletzlich
undankbar, misstrauisch	Verträglichkeit	freundlich, empathisch
vorsichtig, verschlossen	Offenheit	offen für neue Erfahrungen
introvertiert, gerne allein	Extraversion	gesellig, begeistern können
nachlässig, oberflächlich	Gewissenhaftigkeit	organisiert, strukturiertes Arbeiten

Wobei auch im Falle der Big Five differenziert werden muss. Ich kann gerne allein sein und bin trotzdem auch gesellig und kann andere begeistern. Das alles sind durchaus wichtige Aspekte und Anhaltspunkte, die jedoch nicht vollkommen in „Stein gemeißelt" sind.

Die Wurzeln der Resilienz

Es gibt viele Untersuchungen, Studien und Forschungen, warum einige Menschen widerstandsfähiger sind als andere.

Herauszufinden, woran das liegt, ist nicht ganz so einfach. Ich selbst bin in der Vergangenheit bei Gesprächen mit alten Menschen, die mir auf eine gewisse Art und Weise besonders erschienen oder mit Menschen, die harte Krisen gemeistert hatten, dieser Frage nachgegangen. Oftmals konnten sie das selbst nicht so richtig deutlich und klar wiedergeben und erklären.

In den verschiedenen Zweigen von Forschung und Professionen der Psychologie, Psychiatrie, Pädagogik, Neurobiologie, Genetik usw. wurde das ehemals undurchsichtige Thema Resilienz weiter ausgeleuchtet.

Wie die Umwelt einen Menschen formt

Mitte des vorigen Jahrhunderts ging man noch davon aus, dass Kuscheln und körperliche Nähe für die Kinder und Babys nicht so wichtig sei.

Vor vielen Jahrhunderten gab es dazu einmal einen – wenn auch so ungewollten – Versuch. König Friedrich II. von Sizilien wollte der Frage auf den Grund gehen, ob die Sprache gelernt oder angeboren ist. Er ließ Neugeborene von Ammen aufziehen. Die Babys wurden ausreichend mit Nahrung versorgt und sauber gehalten. Ansonsten fand jedoch kein Kontakt statt.

Das Ergebnis war, die Kinder konnten nicht sprechen. Die Sprache wird also erlernt. Das Erschreckende an diesem Versuch war, dass viele der Kinder verstarben. Die moderne Forschung geht davon aus, dass dies durch einen Mangel an Zuwendung geschah. Dieses grausame Beispiel zeigt auf deutliche Art und Weise, wie wichtig Zuwendung, Beachtung und Kuscheln für Babys und kleine Kinder ist.

Nun ist dies vielleicht ein Extrembeispiel (obwohl die Beispiele aus rumänischen Kinderheimen im Ceausescu-Regime nicht minder grauenhaft sind), jedoch spielen sich ähnliche Szenen mit Sicherheit überall täglich weltweit und auch in unserem Umfeld ab. Unbemerkt frei nach dem Motto: „Die im Dunkeln sieht man nicht.".

Wenn zu der mangelnden Zuwendung nun noch Gewalt, Missbrauch und Misshandlung hinzukommen, dann wächst dieser junge Mensch eventuell mit einem Lebensgefühl von Angst, Misstrauen, Wut und Ratlosigkeit auf. Gewöhnliche Probleme, die im Alltag auftreten und für andere Menschen völlig normal sind, überwältigen ihn. Diese Menschen haben neben ihrem ohnehin niedrig ausgeprägten Selbstwertgefühl zusätzlich ein schwaches seelisches (Resilienz) sowie körperliches Immunsystem.

So stellte der Psychologe Seth Pollack fest, dass körperlich misshandelte Kinder gegenüber anderen Gleichaltrigen signifikant stärker von z. B. Herpesviren betroffen sind.

An dieser Stelle könnte ich noch tiefer in diese Thematik einsteigen und weitere Beispiele bringen. Welche Menschen nun mehr dazu neigen, später kriminell zu werden oder auch nicht.

Mir geht es jedoch darum aufzuzeigen, dass auch ein Mensch, der in schwierigen Umweltverhältnissen z. B. in Krieg, Armut, Ghettos usw. aufgewachsen ist, sich gut entwickeln kann und ein starkes, seelisches Immunsystem entwickeln kann. Oftmals haben diese Menschen dieses Gefühl, das Nathaniel Branden als „to be appropriate to life" „dem Leben gewachsen sein" bezeichnet, deutlich stärker ausgeprägt als Menschen aus wohlbehüteten Verhältnissen.

Kurzer Exkurs zum Gefühl „dem Leben gewachsen zu sein":

Nimm dir einen Moment Zeit und lass den folgenden Abschnitt einmal auf dich wirken. Gerade weil dieses Gefühl so bedeutungsvoll ist. Aus der Vergangenheit kenne ich das Gefühl, „dem Leben nicht gewachsen zu sein" sehr deutlich! Nach und nach wurde mir immer mehr bewusst, was es auf einer tieferen Ebene bedeutet, „dem Leben gewachsen zu sein".

Es handelt sich dabei um einen der fundamental wichtigsten, inneren Zustände, um dem Leben mit seinen Herausforderungen gewachsen zu sein. Es ist ein Gefühl, das sich dann später auch im Denken niederschlägt und mit diesem einhergeht bzw. in Wechselwirkung zwischen Fühlen und Denken steht und stattfindet. Wenn ich dem „Leben gewachsen" bin, dann bin ich zuversichtlich und strebe nicht ausschließlich nach z. B. finanzieller Sicherheit, sondern vertraue den Prozessen des Lebens und wachse an meinen Aufgaben und Herausforderungen. Quasi als ob du einen Muskel beim Krafttraining trainierst. Im Gegensatz dazu strebe ich, wenn ich mich dem Leben nicht gewachsen fühle, ständig nach Sicherheit oder gehe permanent faule Kompromisse ein, gebe Verantwortung ab, rede davon, was ich während der Rente machen möchte usw.

Wo fühlst du dich dem Leben gewachsen und wo nicht?

In welchen Situationen beschleicht dich das Gefühl, dem Leben mit seinen Ansprüchen und Erwartungen nicht gewachsen zu sein?

In welchen Momenten hast du erkannt, dass du dem Leben gewachsen bist?

Wenn die Eltern oder andere Bezugspersonen, sei es ein Nachbar, Trainer, Lehrer, dem Kind das Gefühl vermittelt hat, dass es geliebt wird, kann es ein innerer Samen sein, der ein ganzes Leben lang wächst und gedeiht. Im Gegensatz zu manchen überbehüteten Kindern moderner Helikoptereltern, spüren manche dieser Kinder eine authentische Liebe und Verbundenheit zu ihren Eltern.

In meiner eigenen jahrelangen Erfahrung in der Arbeit mit Kindern, Jugendlichen und jungen Erwachsenen gab es häufig Beispiele, dass sich Kinder aus schwierigen Verhältnissen, die aus Kriegsgebieten kamen und dann noch zusätzlich von den Eltern an z. B. die Oma abgegeben wurden, zu einem ausgeglichenen, intelligenten, reflektierten Menschen entwickelten. Hier war die liebevolle Erziehung der Oma eine immense Ressource. Es kam zwar hier und dort zu Grenzüberschreitungen, doch wurden gewisse Werte gelebt und Respekt für die Leistung und Liebe der Oma war seitens des Jugendlichen vorhanden. Das ist natürlich nicht das gängige Erziehungsmodell, aber es hat aus manchem Klienten, den ich im Laufe der Jahre begleitete, einen lebensfähigen Menschen mit einem sogenannten gesunden Menschenverstand gemacht. Diese Jugendlichen und jungen Erwachsenen waren vielen Problemen und Krisen gegenüber wesentlich zuversichtlicher und gewachsener als manch anderer Gleichaltrige. Dadurch, dass die – ich nenne es ganz einfach – omaliche Liebe und Zuneigung, stets vorhanden war, hat es hier dem jungen Menschen an dieser wichtigen Ressource nicht gefehlt.

Wohlgemerkt ist dies natürlich der Idealfall. Es zeigt allerdings, dass es viele Formen der Erziehung gibt, die nicht das Idealmodell sind, jedoch trotzdem einen jungen Menschen zu einem resilienten Erwachsenen formen können.

Die neurobiologischen Zusammenhänge im Gehirn – Neuroplastizität

Ein sehr interessantes Experiment, welches auf einen langen Zeitraum ausgelegt war, führten der Neurowissenschaftler Michael Meaney und der Genetiker Moshe Szyf von der McGill University im kanadischen Montreal durch. Anfang der 2000er Jahre beobachteten sie zwei Gruppen von Ratten. Hierbei stellten sie fest, dass es auch bei den Ratten sowohl liebevolle und fürsorgliche Mütter gab, die ihren Rattenbabys Zuneigung und körperliche Nähe gaben (z. B. durch Lecken) als auch Ratten, die eher kaltherzig waren. Die kaltherzigen Ratten versorgten ihre Nachkommen nur mit dem Nötigsten.

Beide Gruppen von Nachkommen waren in der Lage, sich im späteren Leben zu versorgen. Sie konnten sich mit Nahrung versorgen und pflanzten sich fort.

Allerdings unterschieden sich die liebevoll aufgewachsenen Rattenkinder von den Ratten, die nur mit der materiellen Grundversorgung aufwuchsen, in einem Aspekt fundamental.

Wenn die Ratten im sogenannten Erwachsenenalter waren, reagierten sie auf stressige und bedrohliche Situationen grundlegend verschieden.

Während die liebevoll aufgewachsenen Ratten auf Stress wesentlich entspannter reagierten, waren die vernachlässigten Ratten in diesen Situationen deutlich gestresster. So versteckten sie sich beispielsweise nach einem Umzug in einen anderen Raum bibbernd in einer dunklen Ecke. Für die gehätschelten Ratten stellte dieser Umzug keine große Herausforderung dar.

Nachfolgende Studien bei Menschen lassen darauf schließen, dass es sich bei unserer Spezies genauso verhält.

Die Forscher fanden heraus, dass diese Zusammenhänge mit dem Hormon Cortisol zusammenhängen. Bei Aufregung schüttet der Körper Cortisol aus. Der Körper stellt Energie bereit – in Form von Zucker aus den Speichern der Leber – dadurch sind die Ratten – und wir auch – in der Lage, in brenzligen oder gefährlichen Situationen schnell zu reagieren (z. B. flüchten oder schnelle Lösung kreieren).

In solchen Situationen ist das natürlich richtig und wichtig. Wenn dann allerdings dieser erhöhte Erregungszustand nicht verschwindet, dann führt das auf Dauer zu gesundheitlichen Folgen und Schäden. Nun stellten die Wissenschaftler fest, dass bei den fürsorglich aufgewachsenen Ratten durch die Liebkosungen ihrer Mütter viele Andockstellen für das Cortisol gebildet wurden, sodass es schnell wieder unschädlich gemacht wurde. Die belastet aufgewachsenen Rattenkinder sind deshalb dauerhaft stärker gestresst.

In der Folge geben die liebevoll aufgewachsenen Ratten die Zuwendung an ihren Nachwuchs weiter, während die Gruppe der lieblos aufgewachsenen Ratten auch ihre Kinder wiederum eher nur mit dem Nötigsten versorgten.

Um dies auch wirklich nachhaltig zu unterstreichen, tauschte Meaney im nächsten Schritt auch die Rattenbabys untereinander aus. Die Babys der kaltherzigen Mütter kamen zu den fürsorglichen und andersherum. Auch hierbei stellte sich heraus, dass diese nun mehr Andockstellen im Gehirn entwickelten.

Wie bei kleinen gesunden Babys wurden auch sie neugierig und aufmerksam auf die Besonderheiten ihrer Umwelt.

Es gibt wiederum Studien, in denen diese Untersuchung dann auf Menschen übertragen wurde. Dazu findet sich bei eingehender Recherche einiges im Internet.

Mir ist allerdings ein Zusammenhang wichtig, auf den ich an dieser Stelle eingehen möchte. Wenn ich also eher lieblos aufgewachsen bin, dann neige ich dazu, immer wieder doch noch irgendwie die als Kind nicht erhaltene Nestwärme zu ergattern. Hier ist es auf Dauer wichtig, ein eigenes Leben zu führen und erwachsen zu werden. Zu lernen, wie und wo ich mir selbst diese Zuneigung geben kann. Überhaupt mir anzuschauen, wo ich überall Beachtung und Zuneigung von meinen Eltern oder anderen Menschen einfordere, die ich so nicht mehr erhalten kann wie es in meiner Kindheit erforderlich war (Eltern) oder wofür ich eigentlich selbst zuständig bin (wenn ich es beständig von meiner Außenwelt einfordere).

Dieser Aspekt ist u. a. ein zentraler Baustein beim Erwachsenwerden und bei einer gesunden Entwicklung zu einer erwachsenen Frau und einem erwachsenen Mann.

Wenn ich diese Themen bei mir nicht erkenne, dann kann es sein, dass ich zeitlebens von meinen Eltern und anderen Menschen (Kollegen, Partner, eigenen Kindern) die nicht erhaltene Zuwendung einfordere und immer wieder in Konflikte gerate, die mir unerklärlich sind. Oder das ich meine eigenen Kinder und mein Umfeld beständig auf subtile Weise manipuliere, um irgendwie Zuneigung, Nähe und Beachtung zu erhaschen.

Was die Eltern angeht, sind die Gründe tiefgehend und schwierig bis kaum zu erklären. Ob Kriege und schwierige Zeiten ein Hintergrund sind, in denen evtl. nur das Nötigste an Grundversorgung überhaupt möglich war, weil die eigenen Eltern bereits verstorben waren und Geschwister oder Nachbarn die Erziehung übernahmen … was auch immer die Ursache ist oder sein mag, es sind nur Erklärungsansätze, die vielleicht helfen zu verstehen. Jedoch bleibt mir nichts anderes übrig, als mein Leben in die Hand zu nehmen und dafür zu sorgen herauszufinden, was mir fehlt und guttut und dieses dann umzusetzen und somit Schritt für Schritt in kleinen Babyschritten mein Selbstwertgefühl und meine Resilienz zu stärken. Mich quasi immer wieder in kleinen Schritten à la Münchhausen am eigenen Schopf aus dem Sumpf ziehen.

Einige Leser haben bereits im Vorfeld etwas vom Begriff Neuroplastizität gehört oder gelesen. Es bezeichnet die Fähigkeit und Möglichkeit des Gehirns, sich zu verändern, neu zu strukturieren und zu regenerieren. Das bedeutet, dass wir auch als Erwachsene noch in der Lage sind, wenn wir aus schwierigen Verhältnissen stammen, vergleichsweise vernachlässigt wie die Rattenbabys im Beispiel, durchaus noch in der Lage sind, zu einem resilienten Menschen mit einem gesunden Selbstwertgefühl zu werden.

Durch dieses Wissen um die Neuroplastizität haben wir einen echten Schlüssel zur Weiterentwicklung unserer Persönlichkeit.

Konkrete Beispiele gibt es etwa aus der Forschung mit Schlaganfallpatienten, wenn sie halbseitig gelähmt sind und z. B. den Arm nicht bewegen können. Diese Menschen haben mit einer klaren Intention und Vorstellung trainiert und konnten bereits nach einem kurzen Zeitraum ihren Arm wieder bewegen. Zwar nicht sofort vollständig, aber in kleinen Schritten immer weiter.

Ganz wichtig ist hierbei allerdings das freiwillige Training dieser Menschen, dass sie mit ihrer Aufmerksamkeit dabei sind und daran glauben.

Ein bewährtes Mittel der Neuroplastizität ist die kognitive Verhaltenstherapie. Durch kognitive Verhaltenstherapie kann dysfunktionales Denken, Fühlen und Handeln abgebaut und durch funktionales Denken, Fühlen und Handeln ersetzt werden.

Wenn wir also etwas anderes machen als bisher, verändern sich also die entsprechenden neuronalen Areale (siehe hierzu auch Prof. Hüther).

Resilienz unter Extrembedingungen

Vor vielen Jahren wurde mir die Lebensgeschichte des jüdischen Psychologen Viktor Frankl als ein Beispiel von psychischer Widerstandskraft und Resilienz empfohlen.

In seinem Werk „… trotzdem Ja zum Leben sagen – Ein Psychologe erlebt das Konzentrationslager" beschreibt er seine Erlebnisse, Erfahrungen und was ihn antrieb, diese Zeit zu überleben.

Ich finde dieses Werk gerade deshalb faszinierend und beispielhaft zum Thema Resilienz, weil es einen Menschen im täglichen Überlebenskampf beschreibt, der fortan mit jedem erdenklichem Horror konfrontiert ist und trotzdem standhaft bleibt und selbst in dieser Extremsituation am Leben, seinen persönlichen Zielen und Visionen festhält. (Anm.: Es ist wohl so, dass er gerade, weil er Ziele und Visionen für seine Zukunft hat, am Leben festhält.)

Jeden Tag und jede Nacht lässt er sich aufs Neue auf diese unfassbaren Herausforderungen ein und geht Schritt für Schritt weiter seinen Weg.

Zeitgleich mit seinem Aufenthalt im KZ wurde seine komplette Familie (Mutter, Vater, Ehefrau, Bruder) ermordet!

Frankls Geschichte und seine Zitate, die du im Internet findest, sind gerade, wenn sich Menschen in sehr schwierigen Lebenssituationen befinden, ein wichtiger Hoffnungsschimmer. Wohingegen manch andere Biographien zum Thema Widerstandsfähigkeit und Resilienz etwas verblassen, da mancher Leser die Situation des Protagonisten für zu mild im Vergleich mit der eigenen Lebenssituation hält.

Auch wenn Vergleiche mit anderen nicht unbedingt immer förderlich für Resilienz und Selbstwert sind, so sind sie doch hin und wieder hilfreich.

Frankl beschreibt in seinem Buch verschiedene Methoden, wie er mit der dortigen Lebenssituation umging, die wir tagtäglich in unser Leben integrieren können. Bemerkenswert sind hier u. a.:

Dankbarkeit: Besonders schon für die kleinen Dinge im Leben. Auch für Dinge, die dir erspart bleiben z. B., dass du bisher in einem friedlichen Land lebst, dass du gesund bist, fließendes Wasser hast usw. Was auch immer dir einfällt und was dir wichtig ist.

Meditation: Hier beschreibt Frankl, wie er und die anderen Gefangenen trotz des Lagerhorrors zwischendurch Momente fanden, einen Sonnenuntergang oder einen schönen Anblick in der Natur zu genießen und wertschätzen zu können. Wie oft kannst du das in deinem Alltag zulassen?

Etwas wartet – eine Aufgabe: Am wichtigsten ist es jedoch, und das war bei Frankl der Fall, eine Aufgabe, ein Ziel zu haben, für das man lebt. Bei Frankl war dies, dass er nach dem Überleben des KZs seinen Schülern und anderen Menschen darüber berichten wollte. Es kann aber auch ein ganz anderes Ziel oder eine Aufgabe sein, für die nur ich selbst zuständig, wichtig und verantwortlich bin. Wie z. B. die eigenen Kinder, ein Schriftsteller, der ein Werk zu vollenden hat, ein Lehrer oder Trainer, der seinen Schülern etwas ganz Bestimmtes beibringen möchte, was nur er und sonst keiner in dieser Form tun kann usw.

Diese Thematik, die Aufgabe im Leben und einen Sinn darin zu finden, ist eminent wichtig zur Entwicklung von Resilienz und Widerstandsfähigkeit. Denn wenn ich keinen Sinn im Leben sehe und keine Aufgabe habe, der ich mich widmen kann, wie soll ich dann langfristig die Motivation aufbringen, um etwas Tiefgreifendes bei mir zu verändern?

Wissenschaftliche Hintergründe

Vulnerabilität und soziale Risikofaktoren

Resilienz ist die Fähigkeit eines Menschen, erfolgreich mit belastenden Lebensumständen umzugehen und sich trotz alledem positiv zu entwickeln.

Lange Zeit wurde die menschliche Entwicklung im Hinblick auf die Einwirkung sogenannter Risikofaktoren betrachtet. Hierbei wird unterschieden zwischen Vulnerabilitätsfaktoren (Vulnerabilität = Verletzlichkeit) und sozialen Risikofaktoren.

Diese stellen gleichzeitig auch typische Einflussfaktoren und Ursachen mangelnder Resilienz dar.

Vulnerabilitätsfaktoren sind u. a.:

- psychophysiologische Faktoren (z. B. niedriges Aktivitätsniveau),
- chronische Erkrankungen (z. B. Asthma),
- geringe kognitive Fähigkeiten (z. B. geringer IQ),
- geringe Fähigkeiten zur Selbstregulation,
- (z. B. Regulation von Anspannung und Entspannung).

Mögliche soziale Risikofaktoren sind u. a.:

- Armut,
- chronische, familiäre Disharmonie,
- elterliche Trennung und Scheidung,
- Arbeitslosigkeit,
- Alkohol- und Drogenmissbrauch der Eltern,
- Kriminalität der Eltern,

• alleinerziehende Eltern,

• unerwünschte Schwangerschaft,

• soziale Ablehnung (innerhalb und außerhalb der Familie),

• soziale Isolation der Familie,

• Todesfall in der Familie.

(vgl. Scheithauer & Petermann 1999)

Alle diese Faktoren, vor allem ihr Zusammenwirken untereinander, können Ursache einer mangelnden Resilienz sein.

Ein konkretes Beispiel zur Verdeutlichung:

Die Mutter der 4-jährigen Anne (Name frei erfunden) stirbt (Todesfall in der Familie). Der Vater heiratet erneut. Die Stiefmutter lehnt Anne ab (chronische, familiäre Disharmonie und soziale Ablehnung). Durch den täglichen Stress und das Unwohlsein gelingt es Anne nicht mehr, sich selbst zu regulieren (geringe Fähigkeiten zur Selbstregulation). Sie ist bereits in jungen Jahren häufig angespannt und gereizt. Eventuell kommen durch den täglichen Stress noch körperliche Symptome dazu (chronische Erkrankungen z. B. Neurodermitis).

Das Ganze kann noch durch Arbeitslosigkeit des Vaters, Schulden, eine negative Wohnsituation usw. zusätzlich verstärkt werden.

Es gibt unzählige Beispiele und Varianten von Ursachen mangelnder Resilienz.

Wichtig ist hier, dass das gleiche Mädchen sich auch positiv und mit stark ausgeprägter Resilienz entwickeln kann.

Das Mädchen aus unserem Beispiel hat eine sehr liebevolle und unterstützende Oma, die sich nun stark engagiert. Die Erzieherin im Kindergarten und später der Lehrer in der Schule erkennen Annes Situation und sie gehen empathisch mit ihr um, sodass sie sich beachtet und wertgeschätzt fühlt. Durch die belastenden Erfahrungen innerhalb der Familie, lernt sie bereits in jungen Jahren mit Veränderungen und Herausforderungen umzugehen. Bei einer gesunden Entwicklung kann ihr dies im weiteren Verlauf des Lebens zugutekommen und ihr Vertrauen in sich selbst stärken sowie ihre Selbstwirksamkeitserwartung steigern.

Stressmanagement – Stress erkennen, verstehen und bewältigen

Der Begriff Stress stammt von dem Arzt Dr. Hans Selye. Selye unterscheidet zwischen negativem Disstress und positivem Eustress.

Wenn ich zum Beispiel in einer unruhigen und lauten Umgebung wohne, dann kann das für mich stressig auf eine negative Art sein (Disstress), wenn ich mich dadurch gestört fühle. Wenn ich das aber positiv wahrnehme und ich mich dadurch weniger allein und lebendiger fühle, dann kann diese unruhige Umgebung unter Umständen positiv auf mich wirken (Eustress).

Im Folgenden gehe ich auf einige Prozesse, die im Körper ablaufen ein. Das Thema Stress und der Umgang mit selbigem ist eng mit Resilienz verbunden.

Bei Stress (z. B. in seelischen Belastungssituationen, bei schwerer körperlicher Arbeit, Hochleistungssport, Prüfungen, Lärm usw.) werden Stressgene im Gehirn aktiviert. Dadurch werden Stresshormone (z. B. Adrenalin, Cortisol) ausgeschüttet.

So wird beispielsweise Adrenalin ausgeschüttet, wenn die vorherrschende Emotion Furcht ist. Bei einer Depression (z. B. im Zusammenhang mit Unterordnung am Arbeitsplatz, also Verlust der Kontrolle über das eigene Leben) wird vermehrt Cortisol ausgeschüttet.

Stress und die ausgeschütteten Hormone haben Auswirkungen auf unser Immunsystem und das Herz-Kreislaufsystem.

Wie wir dann mit auftretendem Stress umgehen, hat u. a. viel damit zu tun, wie wir in unserer Herkunftsfamilie aufgewachsen sind und wie dort in schwierigen, aber auch alltäglichen Situationen mit uns umgegangen wurde.

- Gab es liebevolle Bezugspersonen?
- Hatte bei Problemen jemand ein offenes Ohr für uns?
- Wie war der Umgangston vom Säuglingsalter an?
- Wie war die Schwangerschaft?
- In welchem Milieu sind wir aufgewachsen? Usw.

Wenn wir überwiegend positiv aufgewachsen sind, haben wir schon mal ein gutes Fundament im Umgang mit Stress. Wobei, wie bereits erwähnt: Es ist wichtig, dass liebe- und vertrauensvolle Bezugspersonen existieren, auf deren Unterstützung wir uns verlassen können. Dann können auch Menschen, die in eher ungünstigen Verhältnissen aufwachsen, einen gesunden Umgang mit Stress haben.

Im Zusammenhang mit Stress ist das vegetative Nervensystem von zentraler Bedeutung. Die beiden Anteile Sympathikus und Parasympathikus sind entscheidend für die Verarbeitung von Stressreizen. Bei der Entspannungsmethode des Autogenen Trainings ist das vegetative Nervensystem der Hauptansatzpunkt.

Das vegetative Nervensystem ist *„die Summe aller Nerven, die alle inneren Körpervorgänge steuern: die Atmung, den Blutkreislauf, den Schlaf-Wach-Rhythmus, den Stoffwechsel mit den Drüsen und den Wärme- und Wasserhaushalt. Man nennt es auch das autonome Nervensystem, weil viele seiner Funktionen unwillkürlich, das heißt, unabhängig von unserem Willen und ohne bewusste Wahrnehmung ablaufen“.* (Adolphsen 2011, S. 43–44)

Von ihrer Funktion auf die verschiedenen Organe hin betrachtet, sind Sympathikus und Parasympathikus gegensätzlich. Der Sympathikus versetzt den Körper und Organismus in einen Zustand erhöhter Alarmbereitschaft und Fluchtbereitschaft.

Der Parasympathikus versetzt uns demgegenüber in einen Ruhezustand.

Beispiele:

Organ	Sympathikus	Parasympathikus
Herz, Puls und Blutdruck	steigt	sinkt
Verdauung	gehemmt	gefördert
Augen	Pupillen weiter	Pupillen enger

Wenn wir unserem Körper keine Entspannung oder Entwarnung geben, dann stehen wir unter Dauerstress. Stresshormone werden nicht abgebaut. Das ist zum einen natürlich nicht förderlich für unsere Resilienz und zum anderen extrem gesundheitsschädlich.

Eine lange andauernde Stressbelastung ist demnach vollkommen ungesund. So fährt man beispielsweise mit dem Auto hin und wieder in die Werkstatt, um das Öl zu wechseln, eine Inspektion zu machen, die Reifen zu wechseln, die Scheibenwaschanlage neu zu befüllen oder in die Waschanlage, um es wieder zu reinigen. Genau das Gleiche ist für unseren Körper erforderlich. Auch er benötigt Phasen der Erholung und Regeneration, um auf Dauer leistungsfähig zu bleiben. Zudem benötigt der Körper diese Phasen auch, um Fortschritte zu erzielen. Also in unserem Fall, um resilienter zu werden. So ist beispielsweise ein angemessener, selbstfürsorglicher und bewusster Umgang mit Stress Zeichen eines gesunden Selbstwertgefühls.

Die 6 Säulen des Selbstwertgefühls

Ein Werk, welches ich an dieser Stelle besonders erwähne, ist Nathaniel Brandens „Die 6 Säulen des Selbstwertgefühls". Branden beschreibt darin ausführlich die grundlegenden Bestandteile (Säulen) des Selbstwertgefühls.

Selbstwertgefühl ist laut Branden auf einer tieferen Ebene das Vertrauen in unsere Fähigkeit, die grundlegenden Herausforderungen des Lebens zu meistern. Also das Gefühl „dem Leben gewachsen zu sein". Ein Vertrauen und Glaube in unser Recht, glücklich zu sein. Dass ich es voll und ganz auf einer tiefen Ebene verdient habe, glücklich zu sein. Das wird oft in Zitaten und Vorträgen hinausposaunt, ist aber ein sehr tiefgründiges Gefühl, dessen es sich erst einmal bewusst zu werden gilt.

Weiter spricht Branden davon, würdig zu sein und es verdient zu haben, ja ein Recht darauf zu haben, unsere Bedürfnisse und Wünsche zu erfüllen. Dass wir es verdient haben, im Anschluss an unsere Bemühungen deren Früchte zu genießen.

Im Einzelnen geht es um folgende 6 Säulen:

Schlafwandelst du noch oder lebst du schon? – Bewusst leben

Bewusst und nicht schlafwandlerisch durch das Leben gehen. Sich die eigenen Handlungen, Gefühle und die Realität ins Bewusstsein führen und anerkennen. Sich der eigenen Werte bewusst werden. Erkennen und erfahren, was mir gut tut und was nicht. Sei es z. B. bei meiner Ernährung, die Art und Weise wie ich meine Freizeit gestalte oder mit wem ich meine Freizeit verbringe usw.

Um schädliche Angewohnheiten wie z. B. schlechte Ernährung, Rauchen, exzessiven TV- oder Smartphonekonsum zu verändern oder abzulegen, müssen mir diese Angewohnheiten erst einmal bewusst werden.

Bist du dir Freund oder Feind? – Sich selbst annehmen

Die Selbstannahme ist ein eminent wichtiges und umfassendes Thema. Kurz ausgedrückt bedeutet es: Ich weigere mich, in einem negativen und missgünstigen, also feindschaftlichen Verhältnis, zu mir selbst zu stehen.

Die Selbstannahme spielt sich laut Branden auf verschiedenen Ebenen ab. Ein konkretes Beispiel ist, wenn jemand jahrelang eine Arbeitsposition innehat, in der er fortlaufend gedemütigt wird, sodass er irgendwann aufsteht und „Nein" schreit. Es gibt jedoch auch feinere Nuancen z. B., wenn ich eigentlich Gewicht abnehmen möchte und es schaffe, meinen Schokoladenkonsum zu reduzieren und dann eines Tages über die Stränge schlage und gleich zwei Tafeln Schokolade nacheinander esse. Anschließend fühle ich mich womöglich vollgestopft, schäme mich vor mir selbst, verurteile mich und mache mir Vorwürfe.

Die Selbstannahme verurteilt dies nicht, relativiert es auch nicht oder redet es sich schön. Vielmehr fragt sie nach den entsprechenden Hintergründen und findet evtl. heraus, dass da etwas ist in meinem Leben, das mich frustriert und mich dazu gebracht hat, so viel hineinzustopfen. Nur was sein darf, kann sich verändern!

Nutzt du deine Gelegenheiten und Talente oder verharrst du in der Komfortzone? – Eigenverantwortlich leben

Der Bezug zwischen Selbstwertgefühl und Eigenverantwortung besteht darin, dass mir das Selbstwertgefühl kein anderer geben kann (als Erwachsener – in der Kindheit sind die Zusammenhänge anders). Es kommt aus meinem Inneren und wenn ich darauf warte, dass es wächst, ohne dass ich etwas dafür tue und dann eines morgens da ist, dann warte ich vermutlich zeitlebens. Ich werde viele Frustrationen ertragen müssen oder eben ein scheinbar „sicheres" und „bequemes" Leben führen und mich vor Veränderungen scheuen.

Was machst du aus den sich dir bietenden Gelegenheiten oder deinen Talenten? Es kann sein, dass du von manchen Dingen überfordert bist und zunächst keine Antwort findest, wie du mit dieser Gelegenheit oder Aufgabe umgehen sollst. Deine Eigenverantwortung liegt nun darin zu entscheiden, ob du der

Gelegenheit eine Chance geben willst und eventuell erst einmal abwartest, ob sich eine Antwort ergibt, wie es mit deiner Gelegenheit weitergeht (z. B. eine interessante Arbeitsstelle oder der Umzug an einen anderen Ort, wenn du innerlich deutlich spürst, dass es einer Veränderung bedarf). Manchmal kommt dann nach einer gewissen Zeit eine Antwort von selbst. Manchmal auch nicht. Es kann dann auch angebracht sein, sich eine Beratung einzuholen, bei der dieses Thema beleuchtet wird und du erkennst, warum du diese Gelegenheit ergreifen solltest oder was dich noch daran hindert, den Umzug oder was auch immer anzugehen. Wenn du aber nichts tust und immer davon redest, dass eine neue Arbeitsstelle, ein Umzug oder was auch immer doch toll wäre und du dann nach 5 Jahren darüber jammerst, dass du es wohl doch besser getan hättest, dann ist das ein gutes Beispiel dafür, wie du deiner Eigenverantwortung nicht gerecht wurdest und gleichzeitig deinem Selbstwertgefühl Schaden zufügst. Wobei wir alle einmal (zumindest viele von uns) manchmal bedauern, etwas getan oder eben nicht getan zu haben. Wenn wir das dann kurz bedauern, ist es vollkommen okay, nur wenn du permanent dazu neigst Bequemlichkeit und Sicherheit deiner Entwicklung vorzuziehen, dann wird das deinem Selbstwert auf Dauer schaden.

Teenagerbewusstsein vs. reifer Mut – Sich selbstsicher behaupten

Vorweg, was „sich selbstsicher behaupten" nicht ist:

Der bei manchen zu beobachtende Hang zu einem reflexartigen „Nein!" oder „Dagegen!", obwohl bei genauerem Hinschauen in den meisten Fällen den eigenen Interessen häufig gedient wäre. Bei pubertierenden Jugendlichen mag dies zwar noch annehmbar sein. An dieser Stelle ist es mir wichtig zu erwähnen, dass damit natürlich auch nicht der Hang zum Ausdiskutieren von allem oder die weit verbreitete Neigung in allem etwas Gutes zu finden gemeint ist. Denn dann sind wir beim genauen Gegenteil, was bekanntermaßen genauso wenig zum Ziel führt. Es geht vielmehr darum, bei sich zu erkennen, ob man generell dazu neigt „dagegen" zu sein und im Teenagerbewusstsein hängen geblieben ist.

Es bedeutet auch nicht, mich immer gegen andere mit Ellenbogen durchzusetzen und deren Individualität nicht zu respektieren, weil ich meine, dass ich darauf aus irgendeinem Grund ein Recht habe, wenn ich zum Beispiel die Musik ständig laut aufdrehe und das meinen Nachbarn stört. Manche berufen sich dann darauf, dass es ja gerade tagsüber und nicht während der Ruhezeiten ist und sie daher ein Anrecht darauf haben. Wenn ich das dann aber aus einem kindlichen Trotz tue, nur um recht zu haben und mich durchzusetzen, dann ist das von einem sich selbstsicher Behaupten in einem gesunden Sinne sehr weit entfernt! Das Gleiche gilt natürlich auch andersherum, also wenn ich dem Nachbarn bei keiner Feier einmal zugestehe, dass er die Musik etwas lauter stellen darf und das dann mit Nachdruck durchsetze, dann hat dies auch nichts mit selbstsicherer Behauptung in einem guten Sinne zu tun.

Es hängt also immer von der Situation ab. Sich selbstsicher behaupten ist ein sehr umfassendes Thema was im Allgemeinen häufig falsch und oberflächlich verstanden wird. Es hat auf einer tieferen Ebene damit zu tun, dass wir wissen, dass unsere Anliegen, Bedürfnisse und Ideen wichtig sind. Das wurde vielen von uns in der Kindheit oder beim Heranwachsen aberzogen und als „egoistisch" bezeichnet. Oder es wurde manchen beigebracht, dass zuerst die anderen glücklich sein müssten und dann erst man selbst. Oft ist Mut erforderlich, um zu lernen für uns selbst einzutreten und unsere Wünsche und Anliegen zu äußern und für diese einzustehen. Das setzt eine gewisse Reife voraus. Selbstwertgefühl und sich selbstsicher behaupten wachsen Hand in Hand.

Lebst du in den Tag hinein oder verfolgst du eine Richtung? – Zielgerichtet leben

Menschen, die ohne Ziel leben, leben in den Tag hinein, überlassen vieles dem Zufall und zufälligen Begegnungen. Was wiederum nicht bedeutet, dass wichtige Begegnungen oder Ereignisse mir nicht „zufallen" bzw. sich in meinem Leben ereignen (ich glaube nicht an Zufälle!).

Wenn du zielgerichtet lebst, werden diese Ereignisse und Begegnungen in deinem Leben stattfinden.

36

Wichtig ist jedoch, eine Richtung zu verfolgen. Kurzes aktuelles Beispiel aus meinem Leben:

Während ich dieses Buch schrieb, im Vorfeld hatte ich mir fachspezifische Literatur besorgt, war mir bewusst, dass ich durch meine Ausbildung zum zertifizierten Resilienztrainer über eine ausgeprägte Fachkompetenz verfüge. Es war mir klar, dass dieses Thema das richtige ist, da es meinen Interessen entspricht, weil ich mich täglich seit vielen Jahren beruflich und privat damit beschäftige und ich wieder Neues über das Thema und mich selbst lernen werde usw. Dass ich darüber hinaus das 10-Finger System beherrsche, verschaffte mir bei der Arbeit am Buch eine deutliche Erleichterung.

Wenn mich das Thema nicht reizte, hätte es wenig Sinn und ich würde irgendwann die Lust bzw. Motivation verlieren. Dann würde ich das Projekt wahrscheinlich nach ein paar Stunden gefrustet beenden.

Da es aber ein für mich stimmiges Ziel ist, kann ich die Verantwortung dafür übernehmen und mir einen zeitlichen Rahmen stecken.

Ich werde mir bewusst, welche einzelnen Schritte getan werden müssen um das Buch zu vollenden.

Ich schaue mir mein eigenes Verhalten an und beobachte, ob es der Veröffentlichung meines Buches dienlich ist oder eben nicht.

Bist du bestechlich? – Persönliche Integrität

Integrität bedeutet im weitesten Sinne Unbestechlichkeit, Makellosigkeit.

Mit zunehmendem Alter entwickeln wir (bestenfalls) Werte. Diese sind wichtig, um uns im Leben zu orientieren. Häufig werden diese Werte von anderen z. B. Eltern, Lehrern, Medien und Fernsehen übernommen. Manchmal werden auch, wenn z. B. jemand zeitlebens gegen seinen Vater rebelliert, ein ganzes Leben lang dessen Werte, die er vertreten und gelebt hat, gehasst und bekämpft. Jetzt mag dieser Vater ja unter Umständen ein schwieriger Mensch, Choleriker oder Tyrann gewesen sein. Wenn sich dann die Tochter oder der Sohn nicht auf tieferer Ebene mit der Beziehung zum Vater auseinandersetzt und sich eines Tages von ihm löst (innerlich), dann kann es sein, dass dieses Kind dann zeitlebens Werte des Vaters wie z. B. Zuverlässigkeit, Ordnung, Familie oder körperliche Arbeit (wenn der Vater Handwerker war) verabscheut und diese regelrecht hasst und bekämpft.

Auf das Thema Werte an dieser Stelle tiefer einzugehen, würde den Rahmen sprengen, dennoch ist es wichtig zur Entwicklung eines gesunden Selbstwertgefühls und bringt auch einen direkten Mehrwert mit sich, denn wer sich seiner Werte bewusst ist, tut sich im Allgemeinen mit Entscheidungen leichter und wird auch bestenfalls im Laufe der Zeit von anderen Menschen (nicht von jedem) auf einer tieferen Ebene respektiert und wertgeschätzt.

Wenn Zuverlässigkeit und Vertrauen mir wertvoll und wichtig sind, dann halte ich Vereinbarungen und Versprechen ein. Wenn ich allerdings vorgebe, dass es mir wichtig ist und ich mich aber anders verhalte, dann achte ich mich weniger. Das läuft häufig unbewusst ab und wird gar nicht sofort immer bemerkt und womöglich noch vehement abgestritten. Was aber nichts an der Tatsache ändert, dass es langfristig meiner persönlichen Integrität, meiner Vertrauenswürdigkeit und schließlich meinem Selbstwert schadet.

Wenn ich Fairness, Gerechtigkeit und Toleranz predige und einfordere und dies dann selbst nicht lebe oder keine anderen Meinungen zulasse, dann ist das weder fair noch gerecht.

Bei einem integren Menschen stimmen dessen Worte und sein Verhalten überein. Wenn du dich umschaust, dann gibt es mit Sicherheit Menschen in deinem Umfeld oder in der Öffentlichkeit, denen du vertraust oder auch solche, denen du weniger bis gar nicht vertraust. Wie schaut es bei dir selbst aus? Kannst du dir vertrauen oder können andere Menschen dir auf einer tieferen Ebene vertrauen?

Die sieben Schlüsselfaktoren des Resilienzkonzeptes sind eng verknüpft mit Brandens Säulen und auch er spricht vom Immunsystem der Seele. In Brandens Buch gibt es zudem in jedem Kapitel einen Anhang mit entsprechenden Übungen zur jeweiligen Thematik. Alles in allem ein tolles Buch, wenn auch recht anspruchsvoll. Und solltest du dich tatsächlich auf sämtliche Übungen (oder zumindest einen Teil davon) einlassen, bist du eine ganze Weile intensiv mit dir selbst über einen längeren Zeitraum beschäftigt. Du lernst dich im Anschluss an dieses Buch zumindest deutlich besser kennen und dir werden viele Dinge und Themen über dich selbst und die Thematik Selbstwertgefühl bewusst.

Du erhältst einen umfassenden Einblick in das universelle Thema Selbstwertgefühl. Mit dem Selbstwertgefühl verhält es sich ähnlich wie mit der Gesundheit: Gesundheit ist nicht alles, aber ohne Gesundheit ist alles nichts! Selbstwertgefühl ist nicht alles, aber …

Im Folgenden beschreibe ich die sieben Schlüsselfaktoren des Resilienzkonzepts näher und gebe dir Übungen und Möglichkeiten an die Hand, mit deren Unterstützung du direkt und einfach verständlich deine Resilienz kurz- bzw. langfristig steigern kannst. Der Bezug zu Brandens Säulen des Selbstwertgefühls ist mir wichtig, da ich damit veranschaulichen möchte, dass das Resilienzkonzept nichts völlig Neues ist.

Wie bereits erwähnt, besteht der Unterschied zwischen Selbstwertgefühl und Resilienz in der Messbarkeit, auf die ich bereits in Kapitel 3 im Zusammenhang mit E. Werners Langzeitstudie eingegangen bin.

„… there is nothing new under the sun …", „… es gibt nichts Neues unter der Sonne …". So wie es diese uralte Redewendung bereits aussagt, verhält es sich mit der Resilienz auch. Seit Jahrtausenden werden in den verschiedenen Kulturen der Erde und deren geistigen und philosophischen Traditionen Methoden angewandt, um die Erkenntnis und das Bewusstsein zu fördern. All dies hat im Endeffekt u. a. das Ziel, die Resilienz zu fördern und zu steigern.

Die 7 Schlüsselfaktoren der Resilienz – Was die Raupe Ende der Welt nennt, nennt der Rest der Welt Schmetterling

Im Folgenden gehe ich näher auf die einzelnen Schlüsselfaktoren der Resilienz ein. Die einzelnen Faktoren sind verschieden, doch eng miteinander verknüpft. Du kannst dir jeden Faktor für sich separat betrachten, wenn dich gerade einer der Faktoren mehr anspricht als der andere.

Trotzdem gehören sie zusammen und geben ein umfassendes und ganzheitliches Bild zum Thema Resilienz sowie darüber hinaus zum Selbstwertgefühl und Selbstvertrauen.

In den nun folgenden Kapiteln habe ich immer wieder Übungen eingebaut, sodass du direkt an deiner Resilienz arbeiten kannst. Dadurch lernst du dich selbst besser kennen und steigerst gleichzeitig deine Resilienz. Bei manchen Übungen ist es erforderlich, dass du dir etwas notierst. Verwende einen Notizblock, ein Tablet oder mache dir Notizen ins Buch.

Positive Taten setzen eine positive Einstellung voraus – Optimismus

Wenn du mit kräftezehrenden Problemen konfrontiert wirst, ist es am wichtigsten, ruhig zu bleiben und zu wissen, dass es für jedes Problem die richtige Lösung gibt.

Das klingt einfach und abgedroschen. Allerdings sind wir damit schon mittendrin im Thema. Wenn du magst, kannst du an dieser Stelle das Buch für einen kurzen Moment zur Seite legen und spüren, welche innere Resonanz diese „Weisheit" bzw. dieser Satz „für jedes Problem gibt es die richtige Lösung" bei dir auslöst.

In ausgeglichenen und entspannten Momenten eventuell ein zustimmendes, zufriedenes Kopfnicken oder eine Erleichterung.

In gestressten Momenten vielleicht Ablehnung, Widerspruch oder sogar Wut. Nach dem Motto „was will der Simonis mir denn da erzählen, wenn der wüsste, was ich für Probleme hab und da verzapft der was von ruhigbleiben und richtiger Lösung!"

Wenn du deine Reaktion genauer betrachtest, sind wir nun schon mitten im Thema und haben gleich mehrere der Schlüsselfaktoren auf einmal z. B. Optimismus (wissen um die richtige Lösung), Akzeptanz (es gibt ein Problem und es macht mich z. B. wütend), Lösungsorientierung (konzentrieren auf die Lösung).

An dieser Stelle gehe ich zunächst auf den Optimismus ein.

Unter Optimismus verstehe ich kein bedingungsloses, positives Denken, wie es hier und da propagiert wird, sondern das Wissen darum, dass bereits einige Aufgaben in der Vergangenheit gemeistert wurden und dass ich auch diese Aufgabe, die mir das Leben gestellt hat, schaffen kann.

Nehmen wir folgendes Beispiel: Ich lebe in einer Wohnung, für die ich mich vor drei Jahren entschieden habe, weil sie mich damals angesprochen hat. Ich habe mich, anstatt einer anderen, für diese Wohnung entschieden, weil ich sie eventuell in der damaligen Situation cooler, angesagter oder was auch immer gefunden habe als eine andere Wohnung. Nun stellte ich aber fest, dass sich die Wohnung im Sommer stark aufheizt wegen der „tollen und schicken" Glasfront und irgendwie hat sich die Nachbarschaft verändert und es ist mir zu unruhig geworden. Jetzt könnte ich natürlich permanent in Ärger, Selbstmitleid, Lamentieren oder Sonstiges verfallen oder mich permanent kritisieren und hinterfragen, warum ich mich damals nicht für die scheinbar etwas schlichtere, aber im Nachhinein (eventuell) geeignetere Wohnung entschieden habe. Was nutzt mir das in meiner derzeitigen Situation? Nichts!

Da dies eine Situation aus meinem Leben ist, kam natürlich kurzfristig dieser Gedanke „hätte ich doch damals …". Zu früheren Zeitpunkten hätte ich wahrscheinlich noch eine Weile mit mir selbst gehadert. Heute weiß ich, dass es mich nicht weiterbringt. Ich lasse diesen Gedanken kurz zu und verurteile mich auch nicht dafür, dass ich „hätte ich doch damals …" denke, sondern mir sage: „aus diesem und jenem Grund habe ich das so gemacht und dabei habe ich auch einiges über mich selbst gelernt und was mir im Leben wirklich wichtig ist. Weiterhin habe ich gelernt, Dinge, die für viele selbstverständlich sind wie Ruhe, freundliche Nachbarn usw. zu würdigen und zu schätzen."

Wenn ich dann zuversichtlich und optimistisch bin, dass sich in kleinen Schritten die Dinge zum Guten verändern können, dann geht es weiter.

Erst wenn Sie sich selbst akzeptieren, können Sie das auch von anderen verlangen – Akzeptanz

Ich bin da –wo ich jetzt in meinem Leben stehe – die Summe meiner Erfahrungen und Entscheidungen. Manche Entscheidungen hätte ich im Rückblick vielleicht etwas anders getroffen.

Jedoch habe ich auch dann nicht die Gewissheit, ob es richtig gewesen wäre, da ich durch meine Entscheidungen Erfahrungen gesammelt habe und Dinge gelernt habe, die mich zu dem Menschen gemacht haben, der ich heute bin. Ich habe zum Beispiel immer sehr gerne Fußball gespielt. Aus verschiedenen Gründen, die ich heute (so denke ich) nachvollziehen kann, neigte ich in der Vergangenheit hin und wieder dazu, mir beim Fußball alle möglichen Verletzungen einzufangen. Da ich sehr wissbegierig und hartnäckig bin, bin ich drangeblieben und hab mir (für viele unverständlich – für mich selbst manchmal auch ;-)) gedacht, „Mensch, da muss es doch was geben, womit ich lerne, dieses Thema mit den Zerrungen und sonstigen Blessuren zu überwinden …". Irgendwann bin ich dann auf das Myoreflextraining gestoßen bzw. es ist mir zugefallen. Was für mich revolutionär war, da ich nun einen Weg gefunden hatte, mit Verspannungen und Verletzungen umzugehen und mich nicht mehr durch sie eingeschränkt zu fühlen. Ich entschloss mich dann auch, eine Trainerausbildung in diesem Bereich zu absolvieren, damit ich die Übungen, die mittlerweile wie das Zähneputzen zu meinem Alltag gehören (dauern auch nicht viel länger), weiter vermitteln kann.

Wer weiß, ob ich heute hier sitzen würde und an diesem Buch schriebe, wenn ich nicht meine Entscheidungen so getroffen hätte, wie ich das tat – höchstwahrscheinlich nicht!

Wenn ich ewig damit hadere, warum ich nicht diesen oder jenen Beruf gelernt hätte oder was anderes studiert hätte, dann geht es im Leben nicht weiter und ich hänge fest.

Sehr treffend beschreibt folgendes chinesisch-afrikanische Zitat (keine Ahnung wo es herkommt, die Angaben im Internet sind unterschiedlich – von daher sollen sowohl Chinesen als auch Afrikaner die Lorbeeren ernten):

> *„Der beste Zeitpunkt, einen Baum zu pflanzen, war vor 20 Jahren.*
> *Der zweitbeste Zeitpunkt ist jetzt!"*

Der Kopf weiß genau, dass sich die womöglich falschen Entscheidungen der Vergangenheit nicht rückgängig machen lassen. Jedoch fällt es uns innerlich auf einer tieferen Ebene oft schwer, dies zu akzeptieren und so verfallen wir ins Hadern. Wenn du ein humorvoller Mensch bist, gelingt es dir womöglich, über manche Fehler in deiner Vergangenheit zu schmunzeln oder dich selbst in verschiedenen Momenten nicht allzu ernst zu nehmen. Humor, und damit meine ich echten Humor und nicht Zynismus, Sarkasmus oder die Freude über Fehler anderer (auch wenn das manchmal je nach dem auch witzig sein kann), ist untrennbar mit einem gesunden Selbstwertgefühl und Resilienz verbunden. Eine gesunde Portion Humor, zumeist in Verbindung mit netten Menschen, hat mir schon in vielen Krisensituationen geholfen, aus diesem vermeintlichen Elefanten eine Mücke zu machen (kleines Wortspiel in Anlehnung an den umgekehrten Vergleich).

Durch eine angemessene Portion Humor wird die vorher als innerlich belastend und beschwerend erlebte Situation plötzlich leichter und verliert ihre Bedrohlichkeit und damit einhergehend fällt es mir wesentlich leichter, diese zu (er)tragen.

Ein konkretes Beispiel dazu: Vor vielen Jahren habe ich einmal an einem mehrtägigen Seminar teilgenommen. Hier wurden viele Stationen des Lebens noch einmal durchlebt bzw. thematisiert. Ein Teil davon war, dass ich in den ersten Tagen ein Namensschild trug, was stellvertretend für mich und mein Lebensgefühl in der Vergangenheit stand. Nur so viel: Dieses Wort war recht beschämend für mich. Am ersten Tag war es mir zunächst sehr unangenehm, im Kontakt mit den anderen Teilnehmern (die jeweils auch ein Namensschild in dieser Form hatten) so aufzutreten. Eine andere Teilnehmerin, die ich vorher noch als etwas seltsam empfand, hatte ausgerechnet ein ähnliches Namensschild wie ich. Ohne zu übertreiben und dieses Detail preiszugeben, kann man wohl sagen, dass wir – auch aus Sicht der anderen Teilnehmer – in dieser ca. zwölfköpfigen Runde den heftigsten Namen mit uns umhertrugen.

Alleine die Tatsache, dass noch jemand einen Namen mit ähnlicher Qualität hatte, erleichterte mich schon und nach zwei bis drei Tagen gelang es mir, diesen Namen (vorübergehend) „anzunehmen" und seine anfängliche Bedrohlichkeit verflüchtigte sich mehr und mehr.

Ein wichtiger Aspekt im Zusammenhang mit Akzeptanz und Selbstannahme, der unfassbar viele Menschen vor ihrem eigenen Erfolg oder ihrem eigenverantwortlichen Leben schützt und bewahrt (in negativem Sinne!), ist das Erkennen und Annehmen der eigenen Stärke, Größe und Fähigkeiten. Womit kein übersteigertes kompensieren oder Narzissmus gemeint ist, sondern das gesunde Maß.

Zur Akzeptanz gehört auch das Wissen um die eigenen Grenzen. Im Laufe der Zeit sind sie ausbaubar und ich entwickle mich weiter, wenn ich dafür offen bin und dranbleibe.

Wenn ich mich aber selbst völlig überschätze und glaube, dass mir nichts etwas anhaben kann, dann laufe ich Gefahr, schwere Rückschläge zu erleiden.

Lass nun einmal die folgende Geschichte vom goldenen Buddha in einem thailändischen Kloster auf dich wirken:

Das Kloster zog damals an einen neuen Ort um und die Mönche transportierten einen riesigen tönernen Buddha. Sie bemerkten dabei, dass die Statue einen Sprung hatte. Als die Mönche ihr Nachtlager errichtet hatten, war einer der Mönche neugierig und ging in der Nacht mit einer Lampe ausgestattet zur riesigen Buddhastatue und schaute sich den Sprung genauer an. Durch das Licht der Lampe bemerkte er eine Reflektion und das ließ ihm keine Ruhe. Er schnappte sich ein Werkzeug und entfernte nach und nach die Schale aus Ton. Zum Vorschein kam ein riesiger goldener Buddha.

Viele Historiker gehen davon aus, dass in früheren Zeiten der Buddha so vor einem Angriff der burmesischen Armee geschützt werden sollte. Daher wurde er mit einer schützenden Tonschicht überzogen, um nicht gestohlen zu werden. Erst bei diesem Umzug kam das wahre Innere der Buddhastatue zum Vorschein. So wie diesen Buddha schützt auch unsere äußere Schale vor verschiedenen Einflüssen von außen. Das kann manchmal vor allem in der Kindheit wichtig sein. Kann uns aber im Erwachsenenalter auch schaden.

Oftmals verfallen wir im Alltag in Ärger über diverse Themen und Menschen, wir verlieren uns in Sorgen, in Kummer und Frust über manche Dinge. In Paulo Coelhos Buch „11 Minuten" beschreibt die Protagonistin Maria, wie sie mit ihren Sorgen und Zweifeln umgeht. Sie hat für sich dabei die Methode entwickelt, dass sie sobald sie sich in Zweifeln verliert, ganz einfach ihre Aufmerksamkeit auf ihre Schritte lenkt. Sie achtet darauf, wie sie die Füße aufsetzt, den Boden spürt usw. Das ist eine ganz einfache Übung, um aus dem ewigen Strom der Gedanken aufzutauchen und den Überblick zu behalten und wieder bei sich selbst anzukommen. Vor allem wieder im Hier und Jetzt zu sein und die Zeit, Gott und das Unbewusste für sich arbeiten zu lassen.

Hierbei besteht auch eine direkte Verbindung zur Akzeptanz. Ich akzeptiere die Dinge so wie sie gerade sind und nehme es zunächst einmal an. Ich suche nicht verzweifelt und krampfhaft nach einer „Lösung", sondern bringe mich selbst erst mal wieder in meine Mitte. Irgendwo las ich mal das Zitat: „Über eine ruhige See kommen die Schiffe in meinen Hafen.". Es inspiriert mich immer wieder, wenn ich am Zweifeln bin oder zu unangemessenem Aktionismus neige.

Das Beispiel aus Coelhos Buch kann ich genauso auf andere Zusammenhänge mit den Schlüsselfaktoren der Resilienz übertragen. Wenn ich beispielsweise wie im nächsten Abschnitt lösungsorientiert leben und handeln möchte, dann sollte ich mich auch möglichst schnell auf das konzentrieren, wo ich hin will und nicht am Problem verhaftet sein.

Lege an dieser Stelle das Buch für einen Moment zur Seite.

Mach es dir kurz bequem und entspanne dich auf deine Art und Weise in deiner Geschwindigkeit. Nimm einmal einen tiefen Atemzug. Folge dann deinem Atem in den Körper und spüre, wo in deinem Körper jetzt gerade die Stelle ist, wo es dir am wohlsten ist und die sich am angenehmsten anfühlt. Das kann in den Händen, in den Füßen, im Rücken oder sonst wo sein. Wenn es mehrere Stellen sind, dann bleibe mit deiner Aufmerksamkeit bei der intensivsten Empfindung oder entscheide dich ganz einfach für eine Körperstelle.

Bleibe nun für eine Weile bei dieser Körperstelle und genieße die angenehme Empfindung auf deine Art und Weise in deiner Geschwindigkeit.

Verwirrung ist stets der Beginn kreativen Wandels – Lösungsorientierung

Mancherorts wird Albert Einstein folgendes Zitat zugeschrieben (ob es von ihm ist, das ist für das Verständnis und den Zusammenhang nicht von Bedeutung): „Halte dich von negativen Menschen fern. Sie haben ein Problem für jede Lösung."

Bei einer lösungsorientierten inneren Haltung bleibe ich nicht im Problem verhaftet bzw. hänge nicht im Problem fest, sondern konzentriere mich auf das, was mich weiterbringt. Manchmal gibt es Situationen, in denen das schwerfällt. Zum Beispiel, wenn ich viele Dinge zu tun habe, mit unterschiedlichen Projekten beschäftigt bin, demnächst ein Umzug ansteht, es Probleme in der Partnerschaft gibt usw., dann kann es vorkommen, dass ich von den ganzen Themen überwältigt werde und einfach keine Klarheit mehr habe. Wenn ich nicht mehr erkenne, worauf ich zunächst meinen Fokus legen soll, dann gehen Stärke und Energie unnötig verloren. Dann besteht die Gefahr der Prokrastination (Aufschieberitis). Du fängst überall und nirgends an, du surfst sinnlos im Internet, isst aus Langeweile, vertrödelst deine Zeit usw. Du bist einfach von der Menge, die noch zu tun ist, überwältigt. Es fehlt dir schlichtweg die Orientierung. In solchen Phasen ist es wichtig zu erkennen, was mir weiterhilft, die nächsten anstehenden Schritte zu tun. Hier ist oft der Austausch mit Freunden, Partnern oder auch Beratern nötig, um nicht immer tiefer in diese Spirale hineinzurutschen und dadurch bestenfalls etwas Zeit, aber schlimmer noch Zeit, Geld und womöglich sein Leben aus den Augen zu verlieren.

Wenn dein Leben, deine Aufgaben und Ziele überschaubar sind, dann reicht es oft aus, sich einmal eine kleine Auszeit zu gönnen, einen Spaziergang zu machen oder abzuschalten und dann zu erkennen, was dich weiterbringt. Dinge oder Verhaltensweisen zu ermitteln, die mir schaden und zu erkennen was mir nutzt und mich weiterbringt. Vielleicht ist das auch mein persönliches Umfeld, wo ich bemerke, dass ich mich nach manchen Kontakten oder Treffen schlecht fühle und nach anderen gestärkt und erfrischt.

Haben Sie schon mal ein Tier gesehen, dass sich selbst bemitleidet? – Verlassen der Opferrolle

Als resilienter Mensch geht es darum, die Aufmerksamkeit auf sein eigenes Tun und Handeln zu richten. Fehler nicht bei anderen oder in der Umwelt zu suchen, sondern stattdessen zu schauen, wie ich weiterkomme. Was nicht heißen soll, dass nicht auch äußere Einflüsse meinen Erfolg und mein Fortkommen beeinträchtigen oder im positiven Sinne stärken können. Auch ich kenne die Opferrolle nur zu gut und suchte oft die Schuld für meinen Zustand oder die Situation, in der ich war, bei anderen. Das kann u. U. wichtig und zutreffend sein, sich damit auseinanderzusetzen. Jedoch wird es irgendwann Zeit, diesen Zustand zu verlassen, eine Distanz dazu herzustellen oder souverän damit umzugehen und wie im nächsten Punkt beschrieben, Verantwortung für mein Leben zu übernehmen.

Das Verlassen der Opferrolle ist unmittelbar verbunden mit dem darauf folgenden Schlüsselfaktor Verantwortung. Ich betrachte sie an dieser Stelle trotzdem einmal etwas genauer. Es geht beim Verlassen der Opferrolle darum, meine Aufmerksamkeit auf mein Tun und Handeln zu richten. Dieses mir bewusst werden, was ich tue, ist der erste Schritt hin zum Verlassen der Opferrolle.

Wenn du grundlegend den Anspruch hast, dass andere für die Erfüllung deiner Wünsche und Ziele zuständig und verantwortlich sind, wirst du die Opferrolle niemals verlassen. Es gibt unter Umständen Phasen im Leben, wo dieses Gefühl da ist. Frei nach dem Motto: „alles ist sch…". Dann geben wir gerne die Verantwortung ab und holen uns gerne Hilfe. Was auch vollkommen in Ordnung ist. Wenn deine Grundhaltung allerdings bei allem ist, dass ein anderer für dein Wohlbefinden, dein Gewicht, deinen Erfolg usw. verantwortlich ist, dann hast du da ein Problem. Mit dieser Haltung wirst du dauerhaft in einem niedrigen Niveau von Selbstwertgefühl hängenbleiben.

Kurz zum Begriff Verantwortung, der in unserer Gesellschaft leider immer sehr negativ besetzt ist und immer mit Druck, Pflicht, Schuld, Sündenbock usw. verbunden wird. Mit Verantwortung ist hier gemeint, dass ich die treibende Kraft in meinem Leben bin. Ich bin es, der sozusagen die Antworten für die Fragen und Aufgaben, die das Leben mir stellt, sucht. Ich bin die Quelle meiner Entscheidungen und meine Entscheidungen haben mich zu dem gemacht, der ich heute bin.

Ein Beispiel dazu: Nehmen wir einmal an, dass jemand, nennen wir in Mister X, früher einer Clique angehören wollte oder es war sein Ziel, „cool rüberzukommen", dann hat er (ich kenne das auch aus meinem Leben und meiner Arbeit mit Klienten) vielleicht irgendwann mal in einer dunklen Ecke auf dem Schulhof oder im Gebüsch angefangen, mit anderen zu rauchen. Über die Jahre ist er daran hängengeblieben und aus dem Rauchen bei Gelegenheit wurde das Rauchen bei jeder Gelegenheit z. B. nach dem Kaffee, beim Autofahren, nach dem Sex usw. Jetzt denkst du eventuell: „Ja, aber seine schwere Kindheit ist dafür verantwortlich. Er war so allein und wollte dazugehören." Das mag stimmen. Allerdings ist das nun schon viele Jahre her und er hat sich immer noch nicht dazu entschieden, im Sinne seines Wohlbefindens und um seiner Gesundheit willen damit aufzuhören. Dadurch ist er nun evtl. gesundheitlich eingeschränkt. Kann also nicht das tun, was er gerne möchte, weil er einfach aufgrund seiner Kondition oder seines körperlichen Zustands nicht dazu in der Lage ist. Auch finanziell spürt unser Mister X, dass viel Geld für dieses Laster verbraucht wird. Sollte er z. B. ca. 12 Zigaretten am Tag rauchen, sind das im Jahr: ca. 4500 Zigaretten und ca. 1500 € – denk mal drüber nach! So kommt eine Entscheidung zu einem Ergebnis und es geht immer so weiter. Das Gleiche gilt in vielen anderen Lebenslagen.

Um beim Raucherbeispiel zu bleiben, weil es aus meiner Sicht sehr transparent und nachvollziehbar ist: Wenn Mister X nun 30 oder 45 Jahre alt ist (oder wie alt auch immer) und er seine jetzigen Umstände für sein Rauchen verantwortlich macht (z. B. Stress bei der Arbeit oder Trennung), dann bleibt er weiter in der Opferrolle haften.

Jetzt kommt ein ganz wichtiger Zusammenhang! Es kann sein, dass du (falls du rauchst) oder unser Mister X tatsächlich gerade sehr viel Stress hat und du oder X es sich in dieser Phase nicht zutraut, mit dem Rauchen aufzuhören. Das ist dann für den Moment völlig in Ordnung, wenn es gerade wichtigere Schritte gibt, die zuerst angegangen werden müssen, weil du sonst wieder rückfällig werden könntest. Also wenn du beispielsweise in Kürze umziehst und du beim Umzugsstress dir in diesen beiden Wochen keinen zusätzlichen Druck aufbauen möchtest. Es kann natürlich auch sein, dass es gerade für dich genau richtig ist, in dieser Phase mit dem Rauchen aufzuhören und als Nichtraucher in die neue Wohnung einzuziehen.

Ganz wichtig ist, dass diese Schritte nach und nach im eigenen Tempo und in kleinen Babyschritten gegangen werden. Viele Menschen (bei Klienten beobachte ich das immer wieder) würdigen kleine Fortschritte nicht, sondern relativieren diese und stehen dadurch Fortschritten und ihrer Entwicklung im Wege. Nimm kleine, positive Veränderungen bei dir wahr und „überschätze nicht, was du an einem Tag erreichen kannst und unterschätze nicht, was du in einem Jahr erreichen kannst!"

Das sind alles Themen, die sehr individuell sind und es geht einfach darum, dass ich mir mehr und mehr über mich selbst bewusst werde. Dann bin ich in der Lage, mein Handeln und Tun besser zu erkennen, zu reflektieren und Veränderungen umzusetzen, um schließlich die Opferrolle nach und nach zu verlassen.

Zu Beginn meiner Selbständigkeit gab es Rückschläge, Tage, an denen Klienten kurzfristig absagten, Tage, an denen nur ein Klient oder auch gar kein Klient kam. Das war mir im Voraus vollkommen bewusst und daher konnte ich die Zeit teilweise auch genießen und natürlich für wichtige Vorbereitungen, die gerade in dieser Phase meiner Selbständigkeit zu tun waren, nutzen. Dennoch war ich an solchen Tagen auch hin und wieder frustriert und Missmut machte sich breit. Ich drohte dann auch, in Selbstzweifel und Schuldzuweisungen, sowohl mir selbst als auch anderen gegenüber, zu verfallen. Ich bemerkte allerdings, dass, wenn ich wieder ins Handeln kam, sich meine schlechte Stimmung langsam oder manchmal auch schnell verflüchtigte. So hatte ich mir beispielsweise in dieser Phase meiner Selbständigkeit – nachdem ich andere Vorbereitungen, die mir zunächst wichtiger erschienen – vorgenommen, mich intensiv um Netzwerkarbeit und Vernetzung zu kümmern. Was ich gerne mache und eine meiner Stärken ist. Ich raffte mich dann in diesen Momenten auf und ging auf andere Menschen mit einer klaren Intention zu und siehe da, es ergaben sich interessante Gespräche, Kontakte und Perspektiven. Manchmal waren das „nur" kurze fünfminütige Kontakte und manchmal dauerte das Gespräch 90 Minuten. Sofort nach diesen Kontakten hatte ich in der Regel ein deutlich besseres Gefühl, welches ich folgendermaßen beschreibe:

- Erleichterung, dass ich diese Aufgabe angegangen bin und nicht länger vor mir hergeschoben habe.

- Zufriedenheit, dass ich etwas „getan" hatte, was sichtlich gut war und mich nicht länger in Selbstmitleid gesuhlt habe.

- Freude, dass die Kontakte positiv verlaufen waren.

- Glaube und Zuversicht, dass es weitergeht und ich weiterkomme.

- Erstaunen darüber, wie schnell ich von diesem Zustand des Selbstmitleids in einen positiven, zufriedenen und zuversichtlichen Zustand gelangen kann, wenn ich die Opferrolle verlasse und ins Handeln komme.

Ins Handeln kommen ist natürlich nicht immer der einzige und wahrhaftige Weg. Demgegenüber gibt es auch Phasen, in denen ich die unbefriedigende Situation „halten" bzw. aushalten muss. Weil es einfach erforderlich ist, um weiter zu kommen. Das fällt oft am schwersten. Ist jedoch ein wichtiger Grundstein, um langfristig wirkliche Resilienz aufzubauen.

Selbst ist das beste Kraut, aber es wächst nicht in allen Gärten – Verantwortung

Wie bereits weiter oben beschrieben, geht es bei Verantwortung nicht um das hierzulande typische Verständnis, welches mit Druck, Disziplin, Schuld oder dergleichen behaftet ist. Es geht vielmehr darum zu erkennen und ein Gefühl dafür zu entwickeln bzw. verinnerlicht zu haben, dass ich mein Leben im Rahmen meiner Möglichkeiten kontrollieren kann.

52

Das heißt, im Rahmen meiner Fähigkeiten und auch der äußeren Gegeben-
heiten. Wenn ich also an der Nordsee lebe und gerne Winzer sein möchte,
dann sind die äußeren Bedingungen dafür eher ungünstig. Wenn ich im Boxen Schwergewichtsweltmeister werden möchte und bin von Natur aus aber
ein ektomorpher Typ (dünn, schmächtig, baut schwerlich Muskulatur auf)
und wiege ca. 50 bis 60 kg, dann sollte ich meine Lebenspläne überdenken.
Nun sind das natürlich extreme Beispiele. Daher gilt wie so oft:

„Erkenne dich selbst!" oder auch „Selbsterkenntnis ist der erste Schritt zur
Besserung!" Auch wenn das etwas abgedroschen klingen mag, so ist es doch
der einzige Weg zu wirklich nachhaltiger Veränderung und Verbesserung der
Lebensqualität. Es ist dabei unerheblich, was du verändern oder verbessern
möchtest. Es beginnt immer bei dir selbst.

Wenn ich manchmal nicht weiterwusste oder jemanden um Rat fragte, bekam ich oft zu hören: „Sei doch einfach du selbst" oder „hör auf deine innere
Stimme" oder aber auch ganz einfach „hör auf dein Herz". Dann stellte sich
mir immer wieder die Frage: „Wie soll ich denn jetzt in meinem derzeiti-

gen gestressten Zustand meine innere Stimme zu hören bekommen?" oder „mein Herz …?". Das ist übrigens auch eine Frage, die ich bereits von vielen Klienten gestellt bekam. Ausgedehnte Spaziergänge oder auch Joggen helfen dabei, klarer zu werden und einen besseren Zugang zur inneren Stimme zu bekommen.

Darüber hinaus ist in meiner Arbeit die Hypnose ein effizientes Hilfsmittel dazu. Durch die Hypnose kannst du zunächst zur Ruhe kommen, was an sich schon einen entspannenden Effekt auf Körper und Geist hat. In der entspannenden hypnotischen Trance kannst du äußere Einflüsse und Ablenkungen hinter dir lassen und direkt mit deinem Inneren kommunizieren. So wirst du dich Stück für Stück besser kennenlernen.

Wir alle sind einzigartig und unterscheiden uns in vielerlei Hinsicht von anderen Menschen.

Doch gerade darin liegt unsere Chance, ein zufriedenes, selbstbestimmtes und erfolgreiches Leben zu leben. Es beginnt schon damit, einmal hinzuschauen, was mir guttut und mich in Balance bringt. So helfen mir zum Beispiel lange Spaziergänge (auch abends, wenn die Straßen leer sind), eine Runde Kraft- und Beweglichkeitstraining oder einfach dasitzen und Musik hören, um mich in Balance zu bringen, mich von schweren Themen etwas zu befreien und Erkenntnisse zu gewinnen.

Was tust du, um mehr über dich selbst herauszufinden?

Lege an dieser Stelle einmal das Buch für einen Moment zur Seite und überlege dir drei Aktivitäten, die dich in Balance bringen und dir helfen abzuschalten, neue Erkenntnisse zu erhalten, Abstand zum Alltag zu gewinnen und / oder dir Energie liefern.

Zur Führung eines eigenverantwortlichen Lebens gehört zunächst einmal, sich darüber bewusst zu werden, dass ich:

• für die Nutzung meiner Zeit verantwortlich bin.

Ein eigenes Beispiel: In meiner Kindheit kamen die ersten PCs auf den Markt und irgendwann hatte ich auch einen. Es gab damals ein paar einfache Spiele, die für uns Jungs interessant waren. Da gab es u. a. Adventures. Bei diesen Spielen war man oft tagelang damit beschäftigt, um von einem Level ins nächste zu gelangen. Zudem wurde dies dann von Level zu Level schwerer. Nach relativ kurzer Zeit (ich glaube es hat zwei Tage gedauert) bemerkte ich, dass mich diese Art des Zeitvertreibs in meinem Leben nicht weiterbringt. Im Gegenteil: Ich vergeudete damit Stunde um Stunde und andere wichtige und schöne Dinge blieben auf der Strecke. Es gelang mir damals, ohne große Anstrengung ganz einfach durch diesen inneren Impuls, von dieser Art Zeitvertreib bereits nach zwei Tagen Abschied zu nehmen. Das gelang mir natürlich im Laufe meines Lebens nicht immer. Aber mir ist zumindest bewusst, wenn ich Dinge tue, die nicht unbedingt zielführend bzw. im Einklang mit dem stehen, wo ich hin will.

Es ist wichtig, mir darüber bewusst zu sein, dass ich

für meine Handlungen und meine Entscheidungen verantwortlich bin.

Wenn ich also erkenne, dass ich für meine Handlungen und Entscheidungen verantwortlich bin, dann ist es folgerichtig, dass ich die Quelle, also der Ursprung meiner Entscheidungen und Handlungen bin.

Hierzu ein Beispiel:

Wenn ich mich einsam und allein fühle und möchte nun aus diesem unbefriedigenden Zustand, in dem ich scheinbar feststecke wie in einer Affenfalle (hierbei verwenden Affenfänger eine ausgehöhlte Kokosnuss und legen eine Nuss oder eine sperrige Süßigkeit hinein. Die Kokosnuss wird am Boden befestigt und es wird auf einen Affen gewartet, der in die Kokosnuss greift. Die geschlossene Hand passt mit der Süßigkeit nicht mehr durch das Loch. Der Affe müsste also die Süßigkeit ganz einfach loslassen. Da er dies aber nicht tut, ist er gefangen. Weiteres dazu findest du im Internet.), dann kann es passieren, dass ich dazu tendiere mir unbefriedigende Kontakte an Land zu ziehen. Dann wundere ich mich nach zwei bis drei oder mehr Monaten, an wen ich denn da (wieder mal) geraten bin. Wenn ich das erkenne und bemerke, dass ich mich – trotz meines Alleinseins – zunächst etwas in Balance bringe und innerlich festige, dann kann es mir auch gelingen, in dieser Situation stabile und befriedigende Kontakte zu kreieren.

Bevor wir zum nächsten Schlüsselfaktor soziale Netzwerke übergehen, eine kleine Übung im Zusammenhang mit folgendem Zitat:

KETTET EUCH NICHT WIE SKLAVEN AN DAS SCHÖNE. DOCH KETTET EUCH AUCH NICHT AN DAS LEIDEN. ALLES IST IM WANDEL, BEIDES VERGEHT. (BUDDHA)

Dieses Zitat, das Buddha zugeschrieben wird, finde ich sehr inspirierend. Es hat viele Facetten und bedeutet für jeden Menschen etwas anderes. Ich habe es spontan in Verbindung gebracht mit Gleichmut. Oder mich nicht in blindem „positiven Denken" verrennen und gleichzeitig alles, was um mich herum geschieht, aus den Augen zu verlieren – mich aber auch umgekehrt nicht in negativen Dingen zu verlieren, sondern bestrebt sein, in Balance zu bleiben bzw. in diese zu kommen. Vielleicht auch im Zusammenhang mit dem Älterwerden oder der Gesundheit usw.

Was löst das Zitat bei dir aus?

Wo kettest du dich an etwas Schönes und schaust bei der Realität weg?

Wo bist du in einem Leiden oder von negativen Dingen gefangen und hast kein Auge mehr für die guten Seiten des Lebens?

Die Verbindungen mit Menschen geben dem Leben seinen Wert – Soziales Netzwerk

Nachdem wir im vorigen Abschnitt betrachtet haben, warum Verantwortung für das eigene Leben zu übernehmen wichtig ist, gehen wir nun auf einen Faktor ein, der dich dabei unterstützt, nicht länger dem Schicksal ausgeliefert zu sein. Dein soziales Netzwerk, das dich dabei unterstützt, deine Themen anzugehen und für dein Weiterkommen zu sorgen.

Wobei dein soziales Netzwerk nicht hauptverantwortlich für dein Weiterkommen ist, sondern dieses unterstützen soll. Falls es dies nicht tut – sondern im Gegenteil – deinem Vorankommen noch schadet, dann solltest du deine Kontakte zumindest einmal überdenken.

Das Wohlergehen der Menschen aus deinem Umfeld hängt nicht davon ab, dass du das tust was sie wünschen oder ihre Erwartungen an dich erfüllst. Was wiederum nicht heißt, dass du kein offenes Ohr haben sollst, wenn jemand ein ernsthaftes Problem hat und dich um Unterstützung bittet. Oder wenn jemand dich um Hilfe beim Umzug bittet. Oder wenn ich einen Menschen sehe, der etwas Schweres trägt und Mühe damit hat, dann gehe ich hin und helfe, wenn es mir gerade möglich ist.

Es gibt jedoch Menschen, die der Meinung sind, dass es ihnen nur gutgeht, wenn andere für sie sorgen und für sie da sind. Sie möchten, dass du dich ihren Wünschen entsprechend verhältst. Dadurch, so glauben sie, ginge es ihnen dann besser. Dann entsteht bei dir womöglich ein Unbehagen. Sie schränken nicht nur dich ein, sondern begrenzen dadurch auch sich selbst. Da sie, solange sie immer noch Menschen finden, die sie auf eine gewisse Weise kontrollieren können, niemals die Verantwortung für ihr Wohlergehen selbst erreichen können. Falls du solche Kontakte hast, überdenke sie und schau, wie du künftig damit umgehst!

Oftmals gibt es solche Situationen natürlich auch im beruflichen Kontext. Also in einer Situation, die ich nicht von jetzt auf gleich verlassen kann oder möchte. Ich kenne diese Situationen und Kontakte aus meinem eigenen Leben.

Da wir gerade im beruflichen Kontext nicht immer sofort eine Lösung haben, ist es wichtig, die Situation erst einmal zu „halten". Früher habe ich das immer mit „aushalten" verwechselt. „Aushalten" war für mich negativ besetzt und hat mich immer dazu verleitet, gegen etwas, einen Menschen oder eine Situation, einen Widerstand aufzubauen bzw. den schon vorhandenen Widerstand zu verstärken.

Okay, das mit dem Unterschied von „halten" und „aushalten" hat bei mir eine ganze Weile gedauert und ich tue mich immer noch schwer, es in manchen Situationen hinzubekommen. Jedoch ist es erleichternder, wenn ich mir sage: „Okay, die Situation mit z. B. meiner Arbeitsstelle ist jetzt gerade so. Aber ich habe Ressourcen und Fähigkeiten und bin eigentlich auch jemand, der gut anderswo klar kommt. Aber derzeit ist es auch noch in Ordnung, weil ich ja hier noch mein Einkommen und diesen oder jenen kleinen Vorteil habe. Nebenbei kann ich mir schon einmal überlegen, wie es weitergeht in meinem Leben und die nötigen Weichen stellen …". Das wäre ein Beispiel für einen positiven inneren Dialog in einer Situation, die ich „halte".

Wenn ich allerdings im „Aushalten" bin, dann habe ich womöglich folgenden inneren Dialog: „Die Situation in meiner Arbeit kotzt mich an. Aber was soll ich machen, ich bin schon 39 (manche denken tatsächlich, dass dann Veränderung nicht mehr möglich ist) und da noch mal zu wechseln oder was Neues zu beginnen. Nein, das hab ich doch schon im Kindergarten gelernt, dass ich meine Schäfchen mit Ende 20 im Trockenen haben muss! Ich muss da jetzt durch und in 8 Jahren hört der Chef auf und die doofe Kollegin möchte umziehen, dann bin ich die ja auch los (eventuell). Da mach ich jetzt weiter und halte das aus. Und wegen meiner zunehmenden gesundheitlichen Beschwerden mach ich einfach mal eine Reha. Aber Bock hab ich eigentlich keinen mehr auf meine Arbeit. Egal, weiter, weiter, immer weiter!" So oder so ähnlich kann ein innerer Dialog ausschauen, wenn ich im „Aushalten" bin.

Natürlich kann es auch sein, dass du Kinder hast und eine Eigentumswohnung, die abzuzahlen ist und evtl. noch einen kranken Angehörigen pflegen musst.

In dieser Situation kann es womöglich sein, dass es etwas schwieriger ist als wenn du 34 Jahre alt und unabhängig wärst. Überdenke allerdings auch dann deine Situation, denn was nutzt es, wenn du fünf Jahre später durch den Stress selbst krank bist, deine Arbeit verlierst, womöglich mit einem netten Schulterklopfer der Bewunderung für deine Fähigkeit etwas „auszuhalten".

Ich denke der Unterschied zwischen „halten" und „aushalten" dürfte soweit klar sein und soll an dieser Stelle ein kleiner Anstoß zum Nachdenken sein.

Schau dir einmal das folgende Bild mit dem Seiltänzer an, der noch Violine spielt, während er die Balance „hält". Dieses Bild des Akrobaten demonstriert für mich sehr anschaulich den Unterschied zwischen „halten" und „aushalten". Würde der Seiltänzer „aushalten", dann würde er sich wahrscheinlich an das Seil klammern und mit letzter Kraft sich zitternd zum nächstliegenden Ende des Seiles retten. Da er aber die Balance „hält", ist er sogar noch in der Lage, Violine zu spielen, während er über das Seil balanciert.

Lehne dich einen Moment zurück und schau mal, ob du dir ein Bild, vorstellen kannst, was „Aushalten", „Halten" oder beides symbolisiert. Eventuell ist dir auch während des Lesens ein Bild in deiner Vorstellung erschienen.

Okay, um nun wieder auf dein soziales Netzwerk zu kommen. Falls du derzeit ein eher dürftiges soziales Netzwerk hast, dann überlege dir, wie du vorankommen kannst.

Ein konkretes Beispiel aus meinem eigenen Leben:

Als ich nach meinem Umzug relativ neu in Köln war und in einer sehr stressigen Phase starke Rückenbeschwerden hatte (damals hatte ich erst mit den Myoreflexübungen begonnen, die mich in meinem Genesungsprozess enorm unterstützten und heute aus meinem Alltag wie das Zähneputzen nicht mehr wegzudenken sind), stellte sich mir die Frage, wie ich in dieser sehr frustrierenden Phase meines Lebens neue Kontakte herstellen könnte. Ich war nicht in der Lage, lange irgendwo herumzustehen, konnte auch keine längeren Spaziergänge machen, geschweige denn Fußballspielen, Tanzen usw. Es war sehr frustrierend für mich. Was ich allerdings ohne Schmerzen zu haben konnte, war Fahrrad fahren. Da mittlerweile der Frühling gekommen war, postete bzw. erstellte ich eine Veranstaltung in zwei Facebookgruppen und in der Spontacts-App (App für Freizeitaktivitäten). Mittels der geposteten bzw. geteilten Veranstaltung suchte ich weitere Teilnehmer, die gerne gemeinsam mit mir eine entspannte Radtour machen wollten. Es meldeten sich ein paar Leute und wir hatten einen schönen Tag. Ich nahm dann auch noch an einem Grillen einer Facebookgruppe teil und knüpfte wieder neue Kontakte. So konnte ich Stück für Stück in kleinen Babyschritten meine Frustration überwinden und gleichzeitig verflüchtigten sich meine Rückenbeschwerden immer mehr.

Das war ein konkretes Beispiel aus meinem Leben, das mir geholfen hat. Vielleicht ist das nicht dein Weg. Eventuell hast du andere Interessen oder du hast bereits ein funktionierendes soziales Netzwerk. Dann verfügst du bereits über einen wichtigen Baustein von Resilienz.

Das soziale Netzwerk hilft dir bei Problemen oder ist Ansprechpartner im Lösungsprozess. Es geht darum, dass du in Krisen und schwierigen Lebenssituationen jemanden hast, der ein offenes Ohr für dich hat.

Eventuell fällt es dir schwer, jemanden um Hilfe zu bitten. Manchmal liegt das auch ganz einfach daran, dass du dir erst gar nicht dessen bewusst bist, dass du mit einem Thema oder Problem konfrontiert bist. Vielleicht verleugnest du dieses Problem seit vielen Jahren vor dir selbst.

Manche sagen, dass eher Männer dazu neigen, eigene Probleme zu überspielen und weiterhin als „stark" gelten wollen. Ich selbst kann dies nach jahrelangen Beobachtungen nur bedingt bestätigen. Es kann sein, dass Männer sich schwerer damit tun, weil sie generell weniger offen über ihre Probleme reden als Frauen. Jedoch haben auch Frauen Themen, die überspielt und nicht gesehen werden. Hier sind wir wieder beim Schlüsselfaktor Akzeptanz.

Wenn ich also ständig bei allem lächle, dann kann es sein, dass ich darunter einen großen Zorn und Ärger verberge. Wenn ich um jeden Preis – heutzutage unterstützt von Social Media – versuche, mich als cool (Mann) oder sexy (Frau) zu präsentieren, dann kann es sein, dass dahinter ein „armes Würstchen" mit niedrigem Selbstwert steckt. Was natürlich nicht heißen soll, dass ich mich nicht auch mal hin und wieder cool und lässig oder sexy präsentieren darf. Es geht vielmehr darum, ob mein gesamtes Selbstbild auf cool oder sexy sein aufgebaut ist.

Okay, wenn du also bemerkst, dass es bei dir ein Problem oder Thema gibt, du dies aber nicht erkennst, dann kannst du dich an eine gute Freundin oder einen Freund wenden und um eine Rückmeldung bitten, wenn du diesem Menschen vertraust. Sollte es dir schwerfallen, überhaupt jemanden dir bekannten um so eine Rückmeldung zu bitten, dann wende dich an einen externen Berater, Trainer, Therapeuten oder wen auch immer du geeignet findest, um diesen Aspekt einmal anzuschauen. Wenn es schon allein das Thema ist, dass du dich schwertust, jemanden anzusprechen und um Hilfe zu bitten, dann hast du schon ein Thema, was du angehen kannst. Häufig erzielst du bereits Fortschritte und kommst weiter in deinem Leben, wenn du diesen Schritt tust, da sich dann das ein oder andere Thema von selbst löst. Auch die Hypnose kann dir dabei helfen, das Thema mit „um Hilfe und Unterstützung bitten" zu meistern.

Soziale Netzwerke und Freundschaften beruhen auf Gegenseitigkeit. Sei dir dessen bewusst. Auch bei Menschen, die als sehr altruistisch gelten, ist dies der Fall.

Im sozialen Bereich gibt es beispielsweise viele Menschen mit einem sogenannten Helfersyndrom. So schreibt Dr. Wolf Büntig, den ich in einigen Seminaren erleben durfte, in seiner Veröffentlichung: Beachtung – ein menschliches Grundbedürfnis, 1993: „Viele Helfer, die ihren Beruf bewusst aufgrund idealistischer Ziele wählten, sind unbewusst motiviert von dem Bedürfnis nach Kontakt, Beachtung und Anerkennung für Erfolg, das sie im direkten und gleichrangigen Kontakt mit Unabhängigen nie befriedigen gelernt haben. Ihre häufig von bedürftigen Eltern konditionierten Klienten sind jedoch hellhörig gegenüber solcher Motivation und verweigern in der Regel die Kooperation, die zum Erfolg führen könnte, solange sie nicht sicher sein können, dass der Helfer sie nicht zur Selbstbestätigung und zur Befriedigung anderer Primärbedürfnisse braucht. Das führt dazu, dass ein auf diese Weise unbewusst motivierter Helfer in seiner Arbeit immer mehr gibt, als er von Kollegen, Freunden und Familie bekommt, und schließlich müde und verzagt, wenn nicht gar böse auf die undankbaren Klienten oder aber depressiv wird."

Lege an dieser Stelle das Buch für einen Moment zur Seite und schau mal, welche Gegenleistung du von deinen Kontakten erwartest bzw. dir erhoffst.

Wenn du in einem helfenden Beruf bist, dann lass einmal diesen Auszug aus der Veröffentlichung aus dem vorherigen Abschnitt auf dich wirken und schau mal, wie sich das bei dir in deiner Arbeit mit deinen Klienten verhält.

Kannst du dich wirklich daran erfreuen, einem anderen Menschen oder Tier geholfen zu haben oder tust du es nur, um Aufmerksamkeit dafür zu erhalten?

Natürlich ist es in Ordnung, Aufmerksamkeit und Wertschätzung für gute Verdienste zu bekommen. Aber wenn das höher und wichtiger angesiedelt ist als die innere Freude, etwas Sinnstiftendes getan zu haben und man ständig der Beachtung und Anerkennung hinterherhechelt, dann ist das auf Dauer extrem schädlich für Selbstwert und Resilienz.

Wenn alles andere verloren ist, bleibt uns immer noch die Zukunft – Zukunftsorientierung

Die eigene Zukunft planen und gestalten. Auf eine Perspektive hinarbeiten. Wie bereits erwähnt, im Rahmen der jeweiligen individuellen Möglichkeiten.

Auch hier sind die einzelnen Resilienzfaktoren wieder eng miteinander verknüpft. Die Voraussetzung, um im Rahmen meiner Möglichkeiten, Perspektiven und Interessen meine Zukunft zu gestalten und zu planen, setzt voraus, mich selbst zu kennen und besser kennenlernen zu wollen, um dann im Rahmen dieser Möglichkeiten zu handeln.

Wenn ich also beispielsweise eine selbstständige berufliche Tätigkeit anstrebe und mir bewusst bin, dass damit je nachdem zunächst einmal u. a. viel Einsatz und Zeit erforderlich sind und ich vollkommen bereit dazu bin, das auf mich zu nehmen, dann bin ich diesem Ziel einen Schritt näher.

Wenn ich aber eine Selbstständigkeit nur aus Bequemlichkeit oder einfach spontan aus einer Laune heraus angehe und mir der damit verbundenen Aufwendungen nicht bewusst bin, dann kann (nicht muss) mein Vorhaben scheitern, weil ich mir meiner Möglichkeiten nicht bewusst war. Dann war mir vermutlich nicht klar, dass ich (noch) nicht über genügend eigenen, inneren Antrieb und Eigenverantwortung verfüge, um dieses Vorhaben zu einem guten Ziel zu bringen.

Auch wenn ich alle nötigen Eigenschaften wie z. B. Kreativität, Kontakte, inneren Antrieb, Veränderungsbereitschaft usw. habe, komme ich vermutlich des Öfteren an Punkte, wo ich am liebsten aufgeben möchte. Dann ist es wichtig, sich vor Augen zu halten, was ich bisher schon alles geschafft und erreicht habe.

Das ist im Übrigen etwas, was mir im Laufe der Arbeit mit meinen Klienten auffällt, dass viele Menschen nicht oder kaum in der Lage sind, bei sich selbst wertzuschätzen, was sie bereits alles erreicht haben.

Auf die Frage: „Was haben Sie bislang in Ihrem Leben erreicht? Worauf sind Sie stolz?" kommt häufig: „Nichts Besonderes". Manchmal kommt: „Mein Studium" oder „mein Meisterbrief" oder „meine Familie". Die Menschen bemerken häufig nicht, dass sie drei Kinder großgezogen haben, schwere Lebenskrisen gemeistert haben, jahrelang eine schwierige Arbeitssituation gemeistert haben, sich aus schwierigen Beziehungen gelöst haben und wieder neu begonnen haben, ein großes Unternehmen aufgebaut haben usw.

Nimm dir nun einen Moment Zeit, halte inne und finde mindestens fünf, besser 10 Dinge, die du im Leben erreicht hast. Das kann alles Mögliche sein. Nicht unbedingt deine berufliche Ausbildung.

Es kann z. B. sein:

- *ich habe viele Bücher gelesen,*

- *einen Marathon gelaufen oder einen 10-km-Lauf durchgehalten,*

- *regelmäßig zur Arbeit gegangen bei sehr schwierigen Bedingungen,*

- *mehrere verschiedene Ausbildungen erfolgreich absolviert,*

- *mich aus schwierigen Beziehungen gelöst,*

- *einen Umzug in eine andere Stadt gemeistert,*

- *eine schwierige Lebenssituation gemeistert,*

- *meine Meinung vertreten,*

- *ein oder mehrere Kinder großgezogen usw.*

Schau mal, was da bei dir spontan kommt.

Wenn wir beim Thema Zukunftsorientierung sind, finde ich folgendes Zitat besonders wichtig – auch im Zusammenhang mit Optimismus: „Überschätze nicht, was du an einem Tag schaffen kannst und unterschätze nicht, was du in einem Jahr oder Monat erreichen kannst!".

Wir neigen dazu, ungeduldig zu werden, Glauben und Zuversicht zu verlieren, wenn die Dinge nicht in dem Tempo verlaufen, wie wir das wollen.

Auch hier ist das gesunde Maß wichtig, wenn sich nach längerer Zeit gar nichts ändert, dann kann es sein, dass die Pläne noch einmal überdacht und angeschaut werden müssen.

Im Laufe der Zeit werden deine Möglichkeiten und Fähigkeiten immer größer, dadurch erhöht sich dein Selbstwertgefühl und deine Resilienz. Es kommen Menschen und Situationen in dein Leben, die dir dabei helfen zu wachsen und es kann sein, dass du nach einem Jahr auf dich selbst zurückblickst, wer du vor einem oder zwei Jahren warst und du stellst voller Zufriedenheit und Stolz fest: „Hey, Wahnsinn, was hat sich alles getan in meinem Leben, vor einem Jahr hätte ich mir dies und das noch gar nicht zugetraut". Wahrscheinlich haben sich auch in deinem Umfeld oder bei dir selbst Veränderungen ergeben. Vielleicht hast du Gewicht abgenommen, hast neue Freundschaften geschlossen, die Arbeitsstelle oder Wohnung gewechselt. Was auch immer es ist.

Bei der Zielorientierung geht es darum, dass ich mich von Dingen oder Lastern trenne bzw. diese ablege, die mich daran hindern, meine angestrebten Ziele zu erreichen. Das hat zwei Effekte:

1. Dass ich meinem Ziel näher komme.

Hierzu ein Beispiel: Wenn ich beispielsweise Gewicht abnehmen und generell bewusster und gesünder leben möchte und ich schaffe es, meinen Kaffee oder Tee ohne Zucker zu trinken, dann nehme ich etwas Gewicht ab. Beispielsweise 2 kg und komme meinem Ziel dadurch etwas näher. Gleichzeitig löse ich mich etwas von meinem Verlangen nach Zucker.

2. Zeitgleich spüre ich, dass ich Kaffee oder Tee ohne Zucker genießen kann. Ich schaffe es, nachdem ich evtl. 30 Jahre lang meinen Kaffee immer mit Zucker getrunken habe, diesen jetzt ohne Zucker zu genießen. Ich bin also vollkommen in der Lage, mich von dieser Angewohnheit zu lösen. Was sich gleichzeitig u. a. positiv auf meine Selbstwirksamkeitserwartung auswirkt (mehr zu Selbstwirksamkeit in Kapitel 10).

Das macht mich gleichzeitig optimistisch und zuversichtlich, dass ich auch andere Ziele erreichen kann. Wenn ich das dann eine Weile schaffe, dann erkenne ich, dass ich mich auch von anderen negativen Dingen lösen kann.

Wenn es beispielsweise mein Ziel ist, 10 kg abzunehmen, dann bemerke ich, dass ich auch andere Ziele meistern kann. Ich kann dann z. B., anstatt Cola, zum Mittag- und Abendessen Wasser trinken. Wenn ich dann wieder 1,5 kg abnehme, erkenne ich, dass ich abnehmen kann, wenn ich dranbleibe. Abnehmen ist natürlich ein komplexes Thema. Trotzdem fängt es mit kleinen Babyschritten an. Nach einem Monat sage ich dann vielleicht: „Wow, ich habe das geschafft!"

Dann kannst du als Nächstes z. B. zweimal die Woche Sport treiben oder lange Spaziergänge unternehmen. Niemals gleich vornehmen, fünf-, sechsmal in der Woche Sport zu treiben. Besser kleine Schritte – also zweimal wöchentlich. Das ist realistisch und zu schaffen. Alles andere ist in der Regel zu viel und wird erfahrungsgemäß schnell wieder beendet.

Manche sagen dann auch: „Ich mache immer Mittwoch und Freitag Sport". Wenn dir das liegt, ok. Mir persönlich liegt so etwas nicht. Ich schaue auch, wie ich mich an dem Tag fühle oder was sonst noch terminlich zu tun ist. Dann mache ich Sport an einem anderen Tag. Die Gefahr mit den festen Terminen besteht darin, dass du es dann mal wegen Urlaub, Krankheit, Verabredungen, Projekten oder was auch immer ausfallen lässt und dann irgendwann wieder aus dieser Angewohnheit rauskommst. Andere wiederum brauchen genau diese Routine und einen festen Zeitplan. Wie immer gilt auch hier: „Erkenne dich selbst". Schau, was für dich richtig ist und was funktioniert. Aber schau nicht zu lange, sondern komme ins Handeln. Um beim Beispiel Sport treiben oder den langen Spaziergängen zu bleiben (zunächst zweimal pro Woche). Es ist völlig normal, dass innere Widerstände und alle möglichen Ausreden wie „nächstes Mal gerne wieder", „heute regnet es", „irgendwie hab ich keine Lust", „vielleicht ist das doch zu anstrengend für mich" kommen. Lass diese Ausreden einfach so stehen (es sei denn, es ist eine ernsthafte Warnung deines Körpers z. B. bei einer Erkältung) und überwinde dich. Im Anschluss wirst du dich in der Regel immer besser, ausgeglichener und zufriedener fühlen. Vielleicht stellst du fest, dass Joggen nichts für dich ist und du viel lieber lange Wanderungen machst und dich dabei mit netten Leuten unterhältst. Probiere verschiedene Dinge aus und finde heraus was dich anspricht. Die Interessen können sich auch verändern. Vielleicht warst du ein leidenschaftlicher Läufer und hast nun keine Lust mehr darauf, allein zu joggen und gehst in einen Tischtennisverein. Viele Menschen halten auch sehr lange an etwas fest, nur weil es früher einmal das Richtige für sie war. In der Zwischenzeit hat sich jedoch einiges verändert und sie sind nur noch aus Gewohnheit dabei oder weil sie einfach nicht loslassen können.

Dadurch, dass du die Zukunft im Rahmen deiner Möglichkeiten und Ressourcen planst, bleibt sie ein Stück weit beherrschbar und in Zeiten von aufziehenden Stürmen des Lebens bleibt dein Lebensschiff auf Kurs.

66

Im Laufe meines Lebens erkenne ich immer mehr, was mir wirklich wichtig ist und ich kann für viele kleine Dinge dankbar sein. Ich erkenne mehr und mehr mich selbst und was mich ausmacht. Dinge, die mir noch vor ein paar Jahren unwichtig waren, gewinnen an Bedeutung. Oftmals ist mit diesen Dingen ein ganz besonderes Gefühl verbunden. Dieses Gefühl ist das eigentliche, um das es geht!

Ein persönliches Beispiel:

Vor kurzem bin ich auf einen ganz bestimmten Sessel gestoßen, den ich unglaublich gemütlich finde. Ich habe in vielen Fortbildungen oft tagelang bei Übungen auf sehr unbequemen Sesseln und Stühlen gesessen. Als ich meinen Praxisraum einrichtete, war mir sehr wichtig, dass meine Klienten auf gemütlichen Sesseln sitzen können, damit sie nicht ständig hin und her zu rutschen brauchen, um die ideale Sitzposition zu finden. Auch für mich privat besorgte ich mir diesen Sessel. Das Besondere daran ist, dass ich mich hineinsetze und ganz einfach loslassen kann. Ich meine das Gefühl als ob du in einem warmen Solebecken liegst und dich treiben lassen kannst und vom Wasser getragen wirst. Dazu gibt es jetzt sogar Angebote. Es nennt sich Floating. Sehr entspannend und wohltuend. Das Gefühl in diesem Sessel ist ähnlich. Ich lehne mich zurück und kann vollkommen entspannen. Dann noch die passende Musik dazu und ich kann mir vorstellen, ich liege irgendwo am Strand, vollkommen entspannt, fernab von allem Stress und allen Erwartungen von außen, meine Muskulatur kann vollkommen loslassen, ich kriege keinen Sonnenbrand wie eventuell am Strand, ich schwitze nicht usw. Kurzum, ein perfektes Gefühl, dass mir gleichzeitig einen riesigen Mehrwert bietet, denn wenn ich vorher Verspannungen habe, dann können sich diese dabei lösen.

Vielleicht fragst du dich, warum ich das jetzt so ausführlich schildere? Ganz einfach, weil es absolut elementar für unsere Wünsche und Ziele im Leben ist.

Wenn sich jemand ein tolles Auto kauft, dann stellt sich die Frage: Macht er das um anderen zu imponieren, sich von ihnen abzuheben oder um anzugeben?

Oder habe ich das Auto, weil ich den Moment der Beschleunigung genieße, weil es schon von Kindheit an mein Traum war, weil ich die Präzisionsarbeit und das Design schätze usw.?

Wenn ich mir eine Partnerschaft wünsche, welches Gefühl möchte ich damit haben? Möchte ich nur nicht mehr länger eine einsame, arme Leberwurst sein? Oder möchte ich durch die Partnerschaft das Gefühl haben anzukommen, im Team zu arbeiten, ein erfüllendes bereicherndes Sexualleben haben, einen Freund / Freundin fürs Leben zu haben, mit dem ich über alles sprechen kann? Ja, vielleicht möchte ich mit der Partnerschaft genau das gleiche Gefühl haben, was ich weiter oben im Beispiel mit dem Sessel beschrieben habe.

Lehne dich an dieser Stelle einmal zurück und schau dir mal eines deiner Ziele an. Eventuell bist du dir noch nicht im Klaren über deine Ziele ... das macht nichts. Nimm das, was gerade kommt. Das kann sein, dass du mit dem Rauchen aufhören möchtest, keine Süßigkeiten mehr essen möchtest, nicht mehr so viel nutzlos im Internet surfen möchtest. Es kann auch sein, dass du schon konkrete Ziele hast z. B. ein Umzug in eine ruhige, neue Wohnung. Dann stell dir einmal vor, was sich dann verändert und wie genau sich das anfühlt, wenn du diese Wohnung hast.

Wie ist es, wenn du nach Hause kommst?

Wie ist es, am Feierabend dort zu sein?

Was genießt du am meisten in dieser Wohnung?

Was auch immer dir wichtig ist, stell es dir so genau wie möglich vor und versetze dich in dieses Gefühl. Falls es nicht die Wohnung ist, dann ist es vielleicht etwas anderes z. B. ein Urlaub, eine Partnerschaft, eine neue Stelle oder Gesundheit. Was auch immer es bei dir ist. Versetze dich in dieses Gefühl und schaue bzw. spüre so genau wie möglich, was das Eigentliche ist, das du mit diesem Ziel möchtest, also welches Gefühl du erreichen oder haben möchtest.

Wenn du abnehmen möchtest, dann kann es sein, dass du vielleicht endlich die Kleider tragen möchtest, die dir gefallen, deinen Lieblingssport endlich wieder ausüben möchtest oder dich attraktiver fühlen möchtest. Was auch immer es sein mag. Manchmal wirst du feststellen, dass es in deinem Alltag bereits Momente gibt, wo du dieses Gefühl schon hast. Werde dir dessen bewusst und lass zu, dass dieses Gefühl mehr und mehr Raum in deinem Leben bekommt.

Was du heute tust, entscheidet darüber, wie die Welt morgen aussieht – Selbstwirksamkeit

Der Begriff Selbstwirksamkeit ist seit vielen Jahren im Zusammenhang mit Persönlichkeitsentwicklung und Resilienz geläufig. In manchen Konzepten von Resilienz taucht er als einer der sieben Schlüsselfaktoren auf und in anderen nicht. Da die Selbstwirksamkeitserwartung jedoch von zentraler Bedeutung ist, gehe ich an dieser Stelle explizit darauf ein.

Selbstwirksamkeit meint, ich bin davon überzeugt, dass ich Einfluss nehmen kann auf die Dinge, die in meinem Leben geschehen. Probleme und Ereignisse in meinem Leben sind Herausforderungen und ich kann Dinge schaffen, die ich mir im Rahmen meiner Möglichkeiten, Anlagen und Talente vornehme. Es ist also wichtig, meine eigenen Kompetenzen kennenzulernen und an diesen weiter zu arbeiten.

Wenn ich ein gutes Bewusstsein für mich selbst habe, dann kenne ich meine Kompetenzen. Ich kenne meine Grenzen (die sich im Laufe der Zeit ausweiten können) und bin in der Lage diese (vorübergehend) zu akzeptieren. Womit wieder die Verknüpfung mit dem Schlüsselfaktor Akzeptanz deutlich wird.

Bereits kleine Babys machen die Erfahrung ihrer Selbstwirksamkeit. Wenn ein Baby schreit, weil es beispielsweise Hunger hat und Mutter oder Vater kommen zeitnah, um dem Baby die Flasche zu geben, merkt es umgehend, dass es mit seinen Bedürfnissen gesehen und beachtet wird. Wenn das Baby allerdings erfährt, dass nichts passiert, wenn es schreit und gar die Botschaft vermittelt bekommt, dass es stört und nervig ist, dann wächst dieses Kind – wenn es in seinem Leben so weitergeht – mit wenig Zuversicht auf. Es glaubt kaum daran, dass es etwas in dieser Welt bewirken kann.

Kinder und Heranwachsende, wie beispielsweise die resilienten Kinder von Hawaii aus Kapitel 2 oder andere Kinder, die in Krisengebieten aufwuchsen (auch in Deutschland und Europa nach den beiden Weltkriegen), haben oft eines gemeinsam. Sie haben bereits sehr früh Verantwortung übernommen z. B. für die kranken Eltern gesorgt, auf ihre Geschwister aufgepasst oder für den Lebensunterhalt der Familie gesorgt. Diese Heranwachsenden haben dadurch bereits sehr früh gelernt, dass sie aus sich selbst heraus etwas bewirken können. Dadurch erhalten sie Anerkennung von anderen und das Vertrauen in die eigenen Fähigkeiten wächst.

Natürlich kommt hinzu, dass wenn ich mich in einer schwierigen Situation befinde, es immer besser ist, mich zu beschäftigen und eine Aufgabe zu haben, als diese Situation nur zu ertragen. Bei den resilienten Kindern von Hawaii kam dazu, dass sie vor allem mindestens eine liebevolle Bezugsperson hatten. Das kann ein Elternteil, ein Lehrer oder Nachbar sein. In Krisensituationen war es wichtig, dass sich jemand um die Kinder kümmerte. Dadurch wurde ein starkes Fundament für das Leben gelegt.

Um Selbstwirksamkeit zu leben und zu spüren, ist es erforderlich, dass ich in einem guten Kontakt zu mir selbst bin. Wenn ich ständig überlastet, gestresst und überfordert bin, funktioniere ich nur noch und vertraue meiner Wirksamkeit und Stärke von innen heraus nicht mehr (zumindest nicht so stark wie es eigentlich möglich wäre).

Das kann sich auch dadurch äußern, dass ich bemerke, dass ich mich ständig im Kreis drehe. Es kann sich in meiner Arbeit äußern, indem ich immer wieder in Konfrontationen mit Kunden gerate oder dass Kunden ausbleiben. Es kann sich darin äußern, wenn ich ein kreativer Mensch bin, dass meine Ideen ausbleiben. In Freundschaften und Kontakten wird es anstrengend usw.

Diese Phänomene können natürlich auch auftauchen, wenn ich etwas in meinem Leben verändere und mich von Altem löse, doch ist an dieser Stelle etwas anderes gemeint. Wenn ich sehr gestresst bin und die oben genannten Phänomene auftreten, dann ist es an der Zeit, etwas zu verändern. Zu schauen, wie ich wieder in Balance komme.

Hier gibt es eine Reihe von Übungen und Methoden. Einiges habe ich bereits erwähnt. Der wichtigste Schritt ist jedoch, zunächst einmal zu bemerken, dass etwas nicht stimmt, dass der Zugang zu meiner inneren Kraft nicht frei ist. Dass ich sozusagen nicht im Fluss bin. Ich könnte jetzt an dieser Stelle wieder eine Vielzahl von Methoden und Übungen vorschlagen oder lange Spaziergänge empfehlen (was natürlich vollkommen in Ordnung ist). Häufig ist es jedoch erst einmal gut, die Überlastung im Körper wahrzunehmen. Hierzu eine kurze Übung, die ich selbst in solchen Situationen praktiziere:

(Bei schwerwiegenden und langanhaltenden Beschwerden natürlich einen Arzt aufsuchen.)

Setz dich also einmal entspannt hin. Es ist auch während eines Spazierganges möglich, anfangs aber womöglich im Sitzen besser.

Okay, nehmen wir an, da ist eine Unruhe im Brustbereich.

Nimm diese Unruhe wahr. Gewöhnlich neigen wir dazu, diese Unruhe unmittelbar „weghaben" zu wollen. Manchmal geht sie aber nicht weg und wir müssen eine Weile damit leben. Dann gehe ich mit meiner inneren Aufmerksamkeit zu dieser Unruhe hin und beobachte und spüre sie innerlich OHNE Bewertung. Das heißt ich bleibe dabei, atme ruhig weiter und spüre lediglich an diese Körperstelle hin. Ungefähr so als ob eine Fliege gerade auf meinem Arm krabbelt, ich ein leichtes Kitzeln spüre, mich auf dieses Kitzeln konzentriere und meine Aufmerksamkeit dorthin lenke. Oder ich sitze auf einer Bank, ein leichter Wind streicht mir durchs Gesicht und ich konzentriere mich auf diesen Windzug.

Mach diese Übung nur, wenn es für dich angenehm ist. Wenn du starke Schmerzen hast (z. B. starke Kopfschmerzen) und es unangenehm für dich ist, dann ist es evtl. nichts für dich.

Probiere es aus. Mir hilft diese Übung, um präsent im Hier und Jetzt zu sein. Das, was ist, z. B. die Unruhe oder eine Verspannung, ein Völlegefühl im Magen usw., darf sein. Was sein darf, kann sich verändern.

Methoden, mit denen du deine Resilienz effektiv steigern kannst

In diesem Kapitel gehe ich auf einige Dinge ein, die mich dabei unterstützen, mit mehr Resilienz und ganzheitlich gesünder und bewusster durchs Leben zu gehen.

Es sind die Methoden und Mittel, die ich persönlich bei mir selbst täglich anwende und mit denen ich auch im Klientenkontakt arbeite. Mir ist dabei wichtig, dass diese Dinge:

- einfach sind,
- funktionieren,
- für mich selbst funktionieren.

Hypnose – Löse deine unbewussten Blockaden und werde erfolgreich

Kurz zum Verständnis etwas Allgemeines über Hypnose:

Der Begriff **Hypnose** ist eine Bezeichnung für eine Methode, die **bereits seit Jahrtausenden in den unterschiedlichen Kulturen zur Behandlung und Heilung angewandt** wird.

Bei der Hypnose wird ein hypnotischer Trancezustand erzeugt. Hierbei wird der Bewusstseinszustand verändert. Während dieses Prozesses bin ich mir des Trancezustandes und meiner selbst bewusst.

Es gibt unterschiedliche Arten dieser hypnotischen Trancezustände und wie ich diese erzeugen kann. Der Trancezustand kann z. B. in einer hypnotischen Sitzung durch einen Hypnotiseur erzeugt werden. Er kann jedoch auch selbst z. B. beim Tanzen oder bei Läufen (Flow) erreicht werden. Auch bei einem Spaziergang kann ich in einen Trancezustand kommen. Hierbei erreiche ich eine Erweiterung meines Bewusstseins und hab einen Zugang zu meinem immensen, unbewussten, verborgenen Wissen. Man kann sich das Verhältnis von bewusstem Wissen zu unserem Unbewussten in etwa vorstellen wie die Spitze des Eisbergs, welche aus dem Wasser schaut und dem riesigen Teil, der verborgen unter der Wasserfläche existiert.

Lass das folgende Bild einmal kurz auf dich wirken und werde dir bewusst, wie viele Eindrücke und Wissen du in deinem Körper gespeichert hast. Allerdings kannst du davon im normalen Alltagsbewusstseinszustand nur einen Bruchteil abrufen. In der Hypnose bekommst du einen Zugang zu diesem gespeicherten Wissen und findest Antworten auf deine Fragen.

In der Hypnose entspannen sich das Denken und die Muskulatur. Das Immunsystem und die Selbstheilungskräfte aktivieren sich. Die körperlichen Prozesse verlaufen wieder harmonischer. Von daher ist es förderlich für das seelische und körperliche Immunsystem und somit auch für die Resilienz.

Unbewusst gehen wir täglich oftmals in Trance.

Wenn du einen Hypnosetherapeuten oder Hypnosecoach besuchst, kannst du lernen, wie du dich selbst in die hypnotische Trance versetzt. Dann kannst du bereits z. B. mit einfachen Visualisierungen oder Körperübungen dich kurzfristig aus schädlichen und ungünstigen Zuständen wieder hinausbefördern. Dies funktioniert u. a. mit der Unterstützung von Musik.

Bei mir selbst und bei meinen Klienten wende ich situativ verschiedene Formen von Hypnose an. Was bei dem einen funktioniert, passt manchmal bei dem anderen nicht. Bei mir selbst schaue ich, was gerade im Moment passend und stimmig ist.

Hier eine kurze Übung zur Selbsthypnose, die einfach und überall in kurzer Zeit umsetzbar ist.

Mach es dir bequem, nimm einen tiefen Atemzug und gehe mit deiner Aufmerksamkeit in deinen Körper.

(Du kannst an dieser Stelle, wenn du magst die bereits weiter oben beschriebene Übung mit dem angenehmen Ort im Körper machen und dann einen Schritt weitergehen oder du beginnst direkt mit dieser Übung hier.) Stell dir nun einmal einen schönen, angenehmen Ort vor. Das kann daheim auf deinem Sofa sein, es kann ein Ort sein, wo du schon einmal warst, ein Ort wo du gerne einmal hin möchtest oder auch ganz einfach ein Ort in deiner Phantasie. Wenn dich etwas an diesem Ort stört, dann verändere es so, dass es für dich angenehm ist, an diesem Ort zu sein.

Stell dir nun diesen Ort so genau wie möglich vor. Nimm wahr, was du dort siehst ... horche hin, was du hörst (z. B. einen Windzug oder Blätter, die rauschen) ... welchen Geruch gibt es dort (z. B. es riecht frisch oder nach Gräsern) ... was spürst du (z. B. die Sonne auf der Haut oder den Boden unter deinen Füßen) ... und vielleicht liegt auch ein Geschmack in der Luft (z. B. Salzwasser, wenn dein Ort am Meer ist).

Solltest du etwas mehr riechen als hören, ist das vollkommen in Ordnung. Wenn du z. B. nichts schmeckst, ist auch das vollkommen okay. Es gibt kein falsch und richtiger. Nimm deinen Wohlfühlort wahr und spüre das Gefühl, welches du dort an diesem angenehmen Ort hast.

Diese Übung kannst du immer durchführen, wenn dir danach ist. Sie kann dir eine Hilfe in unangenehmen Situationen sein, wie z. B. im Wartezimmer beim Arzt, während einer zahnärztlichen Behandlung, in einer überfüllten

Straßenbahn, abends im Bett zum Einschlafen oder auch einfach nur, um abzuschalten.

Autogenes Training (AT) und Progressive Muskelentspannung (PMR) – Entspannt hast du mehr Energie und Klarheit

Autogenes Training und Progressive Muskelentspannung sind einfach zu lernende Methoden, die dich dabei unterstützen gelassener, entspannter, ausgeglichener und widerstandsfähiger mit den alltäglichen Herausforderungen des Lebens umzugehen. Verschiedene Probleme wie z. B. Stress, innere Unruhe, Kopfschmerzen, Schlafprobleme und Energielosigkeit können durch das AT und die PMR bei regelmäßigem Üben verschwinden.

Es sind hervorragende Methoden zur Selbstregulation von Anspannung und Entspannung.

Bei der Progressiven Muskelentspannung bemerkt der Übende sofort die selbstregulierende Wirkung von Anspannung (z. B. Ballen der Faust und der anschließenden Auflösung der Spannung durch Loslassen der Handmuskulatur) und Entspannung.

Dadurch sind das Autogene Training und die Progressive Muskelentspannung sehr gut geeignet, um gleich mehrere Resilienzfaktoren zu stärken. Es wirkt sich positiv auf meine Selbstwirksamkeitserwartung aus. Ich kann mehr Verantwortung für mich selbst übernehmen und dadurch die Opferrolle weiter verlassen.

Autogenes Training und Progressive Muskelentspannung werden allerorts angeboten und die Teilnahme wird von den Krankenkassen unterstützt. Die Kurse finden entweder als Kompaktkurs an zwei Tagen oder u. a. einmal wöchentlich 8 x 60 Minuten statt.

Autogenes Training wird auch als „Yoga des Westens" bezeichnet. In Europa ist es fester Bestandteil der Primärprävention. Wenn du einen Kurs belegen möchtest, dann ist das Ziel, dass du innerhalb des Kurses lernst, wie du selbstständig die einzelnen Übungsschritte durchführst und somit lebenslang ein Hilfsmittel an der Hand hast, das du überall schnell und ohne Hilfsmittel in kurzer Zeit durchführen kannst. Allein durch die regelmäßige Teilnahme an diesen Kursen nimmst du schon einiges für deinen Alltag mit. Bei regelmäßigem Übungen bist du schnell in der Lage, die Übungen in wenigen Minuten ohne Hilfsmittel flüssig durchzuführen und dich dadurch in Balance zu bringen bzw. diese zu erhalten.

Ferner lernst du in einem solchen Kurs vieles darüber, was bei Stress in Körper und Seele passiert. Dadurch verstehst du manche Zusammenhänge besser und kannst manche deiner Reaktionen und Emotionen besser nachvollziehen und sie wirken unter Umständen weniger bedrohlich auf dich, was dann wiederum deine Resilienz stärkt.

Diese Kurse haben noch den Nebeneffekt, dass du dabei andere Menschen kennenlernst, die mit ähnlichen Themen wie du zum Autogenen Training gefunden haben. In den Austauschrunden erfährst du mehr über diese Menschen und häufig ist ein solcher Kontakt schneller auf einer etwas tiefgründigeren Ebene, da über persönlichere Themen gesprochen wird.

Myoreflextraining – Werde stark, flexibel und entspannt

Bereits weiter oben hatte ich Myoreflex bzw. das Myoreflextraining erwähnt. Da ich die Entwicklung von Selbstwertgefühl und Resilienz ganzheitlich betrachte (zur Ernährung komme ich noch) und angehe komme ich an dieser Stelle nicht umhin noch einmal auf das Myoreflextraining einzugehen.

Aufgrund von persönlichen sehr schmerzhaften Erfahrungen mit einem Bandscheibenvorfall liegt es mir sehr am Herzen mein Erfahrungen mit Myoreflextraining und -therapie weiterzugeben. Eine von den behandelnden Ärzten empfohlene Operation schien die letzte Option, als ich Bekanntschaft mit dem Myoreflextraining und den damit verbundenen Dehnkraftübungen machte und innerhalb von sechs Wochen beschwerdefrei wurde. Das war für mich eine sehr bewegende Erfahrung, wie ich meinen anfangs enorm eingeschränkten Bewegungsradius und den damit verbundenen Schmerzpunkt Tag für Tag, Millimeter für Millimeter ausbauen bzw. verschieben konnte.

Hier konnte ich quasi das Schritt-für-Schritt-Prinzip, also die kleinen Baby-schritte an mir selbst austesten und erleben.

Von daher kann ich diese Übungen jedem Menschen, der etwas für seine Entspannung, seine Kraft und Beweglichkeit tun möchte, dringend ans Herz legen. Dadurch, dass du entspannter bist, gehst du gelassener durch den Tag. Verspannungen, die mich in der Vergangenheit ausbremsten und zurückhiel-ten, die mich begrenzt und frustriert haben, kann ich nun direkt angehen und mich selbst um mich kümmern. Das gibt mir ein hohes Maß an Freiheit, Zu-versicht und Vertrauen und wirkt sich somit unmittelbar auf meine Resilienz aus.

Dadurch ist es mir gelungen ein Gefühl von Kraft, Flexibilität und Entspan-nung in meinem Leben zu integrieren, das ich vorher in dieser Form noch nicht kannte. Dieses Gefühl von stark-flexibel-entspannt ist für mich ein sehr gutes Symbol für Resilienz.

Schau dir an dieser Stelle einmal das nachfolgende Foto an. (Der Bogen und auch der Schütze stehen für eine gewisse Flexibilität. Der Schütze benötigt Kraft, um die Sehne zu ziehen und gleichzeitig den Bogen zu halten. Das alles benötigt wiederum Entspannung, da ansonsten das Ziel weit verfehlt wird.)

Überlege dir nun, wann und wo du ein Gefühl von stark, flexibel und entspannt in deinem Leben hattest.

Vielleicht gibt es etwas, was du fortlaufend praktizierst z. B. Yoga, Schwimmen oder Krafttraining, wo du dieses Gefühl regelmäßig hast. Es kann auch sein, dass du dich an eine Situation in der Vergangenheit erinnerst, als du dieses Gefühl ein-mal erlebt hast z. B. bei einer Bergwanderung oder beim Paddeln im See, wobei auch immer.

Stell dir diese Situation mit dem Gefühl von stark-flexibel-entspannt so genau wie möglich vor bzw. versetze dich noch einmal in diese Situation hinein.

Ernährung – Du bist was du isst

Eine gesunde, ausgewogene Ernährung mit z. B. wenig Zucker, einem dosierten Umgang mit Kohlehydraten usw. ist von großer Bedeutung für unseren energetischen Zustand und wirkt sich somit direkt auf deinen Umgang mit dir selbst, dein Selbstwertgefühl und somit auf deine Resilienz aus.

Das Problem ist hierbei allerdings oft die Ungeduld. Wenn du z. B. Karies an einem Zahn hast und dieser dir Probleme bereitet, dann gehst du zum Zahnarzt, der zieht oder behandelt den Zahn und deine Schmerzen sind weg. Wenn dich deine Frisur stört und du vorher lange Haare hattest und das cool war für dich und du nun aber der Meinung bist, dass kurze Haare eigentlich viel praktischer, windschnittiger, schneller zu Föhnen oder was auch immer sind, dann gehst du zum Frisör und zack du bist von jetzt auf gleich windschnittig getuned.

Bei einer Umstellung der Ernährung wird der positive Effekt hingegen oft nicht bemerkt oder erst langsam und leise bemerkt, da er sich quasi nebenbei einstellt und nicht von heute auf morgen eintritt. Dadurch bemerkst du oft gar nicht wirklich, dass sich etwas verändert. Kleine Veränderungen werden dann gerne heruntergespielt und abgewertet bzw. gar nicht erst wahrgenommen. Es heißt dann u. a. „das waren ja nur 2 kg in 10 Tagen, die ich abgenommen habe" oder „ich trinke zwar keine Cola mehr, aber wirklich verändert hat sich nichts" (wenn jemand vorher zwei Liter Cola am Tag trank).

Hinzu kommt, dass manche Menschen, die zu schlechter und unausgewogener Ernährung neigen, ebenso nicht auf körperliche Signale achten. Z. B. auf das Völlegefühl oder auch bei manchen Süßigkeiten oder extrem gesüßten Getränken, welches Zeug sie da eigentlich konsumieren und in sich hineinstopfen bzw. kippen. Dann ist es wichtig, dass ich zunächst einmal erkenne, was ich da ständig konsumiere und mir zuführe. Denn erst wenn ich das beständig bemerke, verändere ich langfristig etwas daran.

Ein weiteres Hindernis, meine Ernährung umzustellen, liegt darin, dass ich hierbei – im Gegensatz zu Frisör und Zahnarzt – aktiv werden muss, um etwas in meinem Leben zu verändern.

Wenn es mir gelingt wahrzunehmen, wo ich mich ungesund ernähre, dann kann ich diese Essgewohnheiten durch gesunde Gewohnheiten ersetzen.

Ein konkretes Beispiel hierfür wäre, nur zu essen, wenn auch wirklich Hunger spürbar ist. Emotionale Auslöser sollten nicht (mehr) mit Nahrungsaufnahme kompensiert werden. Das ist eventuell nicht ganz so einfach. Ist jedoch mit Unterstützung oder auch mittels Hypnose möglich.

Allein durch die Vermeidung von Essen aus Langeweile oder Frust werden täglich Kalorien eingespart, was dauerhaft zur Gewichtsabnahme führen wird. Stück für Stück destruktive Verhaltensweisen und Essgewohnheiten abzulegen, führt langfristig zu einer gesunden Ernährung.

Die Umstellung und Optimierung der Ernährung hat eine Vielzahl von Synergieeffekten, die sich unmittelbar auf Resilienz und Selbstwertgefühl auswirken. Durch eine Ernährungsumstellung erhältst du mehr Energie. Du bist zufriedener mit dir selbst und deiner Umwelt. Du hast ein klares Ziel vor Augen und übernimmst Verantwortung für dein Leben.

„Du bist, was du isst!"

Für viele Menschen ist das im Leben ein wichtiger Leitspruch. Nachdem ich viele Dinge in meinem Leben verändert habe, gewinnt dieser Spruch in meinem Leben seit ein paar Jahren immer mehr an Bedeutung. Es ist nicht unbedingt mein Leitspruch für mein Leben. Allerdings habe ich viele Menschen, die in ihrem Leben einiges bewegt haben, kennengelernt, die nach diesem Motto leben. Wenn du dich auf den Weg begibst, deine Resilienz und dein Selbstwertgefühl grundlegend zu stärken, wird langfristig kein Weg daran vorbeiführen, dir deine Ernährung einmal genauer anzuschauen, falls du noch nicht damit angefangen haben solltest.

Kleine, konkrete Veränderungen liegen bereits darin, dass ich ausreichend Flüssigkeit zu mir nehme. Am besten Wasser. Falls du übergewichtig bist oder rauchen solltest, unterstützt dich das zusätzlich bei der Überwindung dieser beiden Themen. Ansonsten ist es ganz einfach gut für Stoffwechsel, Haut, Verdauung, Konzentration und so weiter.

Wenn du also etwas an deiner Ernährung verändern oder optimieren möchtest, dann fange irgendwo an. Die Folgen für Resilienz und Selbstwertgefühl stellen sich langfristig ein. Ich lerne seit ich mich mit diesen Themen beschäftige stetig neue interessante Leute kennen und baue dadurch mein soziales Netzwerk beständig aus. Durch eine gesunde Ernährung fühle ich mich deutlich energievoller und kann mich besser auf meine Ziele fokussieren. Hierdurch wird erneut der Zusammenhang zwischen den einzelnen Resilienzfaktoren deutlich.

Sport und körperliche Betätigung – Einfach und wirkungsvoll

Viele Menschen schwören auf Sport. Manche auf Ausdauersport, andere auf Fitness- und Kraftsport, wieder andere gehen Reiten, Fußballspielen, Klettern, zum Kampfsport usw.

Was auch immer dein Ding oder dein Sport ist. Eine Freundin schwamm z. B. mehrfach die Woche einige Kilometer und berichtete, dass sie danach vollkommen entspannt sei und alles Belastende loslassen könnte. Viele berichten das nach dem Laufen. Ich persönlich mache täglich die beschriebenen Myoreflexübungen und 2- bis 3mal wöchentlich ein funktionelles Krafttraining. Dieses Krafttraining beansprucht recht wenig Zeit und ist in meiner aktuellen Lebenssituation ideal. Ich trainiere dadurch Kraft und Beweglichkeit gleichzeitig. Durch die Kombination des Myoreflextrainings mit dem funktionellen Krafttraining bin ich wesentlich kräftiger und deutlich beweglicher geworden als vorher. Durch kontinuierliches Üben habe ich ein Niveau von Beweglichkeit erreicht, dass ich noch vor ca. 3 bis 4 Jahren für utopisch hielt. Dadurch habe ich deutlich mehr Vertrauen in meinen Körper, meine Widerstandsfähigkeit und Leistungsfähigkeit gewonnen. Das steigert gleichzeitig mein Selbstwertgefühl. Wenn ich früher noch bei manchen Bewegungen Angst davor hatte, mich zu verletzen, vertraue ich heute in diesen Momenten meinem Körper.

Ferner habe ich dadurch auch gelernt, mit Verspannungen besser umzugehen und diese nicht mehr als so bedrohlich wahrzunehmen wie früher, als zunächst der linke Fuß schmerzte, dann das rechte Knie und zu guter Letzt der

Rücken. Vielleicht kennst du dieses Phänomen. Ich will damit sagen, dass alles, was wir uns Gutes tun, sich auch auf unser Selbstwertgefühl und unsere Resilienz auswirkt. Es gilt dabei herauszufinden, was das Richtige für mich ist. Die Interessen können sich im Laufe der Zeit auch wandeln. Eventuell fange ich ja in drei Jahren mit dem Tanzen an.

Ein wichtiger Aspekt ist bei vielen Sportarten das soziale Netzwerk. Dieses kann sehr förderlich sein, kann aber auch umgekehrt auf Dauer dazu führen, dass du zu sehr an einer Sportart und dem damit verbundenen Netzwerk haftest. Wenn du z. B. in einem Fußballverein aktiv bist, in dem es zur guten Sitte gehört, dass man nach jedem Training und Spiel fünf Halbe (wie man in Bayern sagt; Anm.: 5 x 0,5 L Bier) trinkt und sich samstags immer zum gemeinsamen Bundesliga schauen verabredet und auch dort nicht unter fünf Halbe zur Tür hinauskommt, dann kann es sein, dass dein gesamtes soziales Netz irgendwann auf Bierkisten aufgebaut ist. Das mag für manchen lustig klingen, stärkt aber weder auf Dauer Selbstwert und Resilienz (außer natürlich, du bist im alkoholbedingten Gleichgültigkeitsmodus) noch ist es auf Dauer für deine Gesundheit förderlich.

Okay, das war natürlich ein Negativbeispiel, kommt jedoch häufig vor. Wichtig ist es, dranzubleiben und zu erkennen, wann sich etwas in eine negative Richtung entwickelt und eine Veränderung angebracht ist.

Schau, was dir Spaß macht und dir wirklich guttut.

Eine wichtige, körperliche Betätigung, die ich regelmäßig – fast täglich – durchführe, ist ein kurzer oder längerer Spaziergang. Dadurch kann ich meine Gedanken sortieren und komme körperlich und energetisch in Fluss. Ich schaffe Abstand zu belastenden und stressigen Themen. Am besten ist das natürlich in der Natur. Aber auch in der Stadt gibt es angenehme Ecken, um einen entspannten Spaziergang zu machen. Manchmal genügte es schon, von einem Termin zum nächsten zu Fuß zu gehen. Natürlich nicht ganz so einfach, wenn die Termine 20 Kilometer auseinander liegen. Allerdings kann ich auch dann irgendwo anders parken oder eine Bahnstation früher aussteigen und das letzte Stück zu Fuß gehen.

Es gilt wie immer: Erkenne dich selbst. Finde heraus, was dir guttut und setze das dann um.

Eine weitere, für viele Menschen gerade im ländlichen Raum oder wenn du einen Schrebergarten hast, erfüllende körperliche Betätigung, ist die Gartenarbeit, Arbeit in der Natur oder auf einem Bauernhof. Bei der Gartenarbeit bist du im Kontakt mit der Natur und siehst am Ende ein Ergebnis dessen, was du getan hast. Wenn du zum Beispiel auf einem Bergbauernhof per Hand und Rechen das Heu auf einer großen Bergwiese zusammenrechst, dann hat das etwas Meditatives. Am Ende siehst du, was du geschafft hast. Du hast nebenbei ein Ganzkörperworkout absolviert und bei Sonnenschein ersetzt es gleichzeitig den Solariumbesuch. Anschließend bist du eventuell müde. In der Regel – so gings mir – bin ich zufrieden und freue mich auf ein leckeres Essen, das ich dann umso mehr genießen kann.

Weiterhin erfährst du in solchen Momenten manchmal auch, was dir wirklich wichtig ist und dir auf einer tieferen Ebene eine innere Zufriedenheit gibt.

Übungen zur Steigerung der Resilienz

Im Folgenden gebe ich dir zu jedem einzelnen Resilienzfaktor und zur Selbstwirksamkeit eine einfach umsetzbare Übung an die Hand, die ich dann jeweils mit einem konkreten Beispiel aus dem Leben erkläre, sodass du an dieser Stelle den direkten Transfer zu deinen jeweiligen Lebenssituationen herstellen kannst.

Bei der Reihenfolge der Übungen halte ich mich an die Struktur meines Buches. D. h., wir beginnen mit dem Optimismus und gehen weiter bis zur Selbstwirksamkeit.

Wie du deine Glaubenssätze erkennst und dir ihrer Auswirkungen bewusst wirst

Im Zusammenhang mit dem Resilienzfaktor Optimismus kommt man um die Glaubenssätze, die sehr mächtig sind und einen großen Einfluss auf unser Leben haben, nicht herum. Es lohnt sich, diese aufzuspüren, einmal zu hinterfragen und bei Bedarf zu verändern.

Wenn du bestimmte Ziele in deinem Leben erreichen möchtest wie z. B. eine erfüllende Arbeit, eine glückliche Beziehung oder ein gutes Einkommen und du diese Ziele aber nicht erreichst, dann könnte es sein, dass bestimmte Glaubenssätze dich seit vielen Jahren daran hindern, deine Ziele zu verwirklichen.

Wichtig: Bei der Übung mit den Glaubenssätzen geht es zunächst einmal darum, dir ihrer überhaupt bewusst zu werden, sie zu erkennen und zu verstehen, welche Auswirkungen sie auf dein Selbst- und Weltbild haben.

Schauen wir uns diese drei Beispiele kurz etwas genauer an:

a) eine erfüllende Arbeit:

Angenommen, in deiner Familie herrscht der Glaubenssatz vor: „Arbeit darf keinen Spaß machen. Das ist kein Vergnügen, sondern bitterer Ernst und absolute Pflicht!"

Glaubst du (wobei wir schon beim Glauben bzw. Glaubenssatz sind), dass du mit diesem Mindset bzw. mit diesem Glaubenssatz oder mit einer solchen Grundeinstellung jemals eine erfüllende Arbeit verrichten wirst? Nein, natürlich nicht!

Vielmehr gehst du wahrscheinlich davon aus, dass es unabänderlich ist, dass du z. B. jeden Morgen um 04:30 Uhr aufstehen musst, um dann 60 Minuten mit dem Auto oder Bahn zu einer Arbeit zu fahren, wo du evtl. in einem spärlich beleuchteten Kellerraum arbeitest und von deinen Vorgesetzten und Kunden den ganzen Tag über Druck gemacht bekommst, was du noch alles zu erledigen hast und wann es fertig sein soll. Mittagspause machst du evtl. auch keine, da du ja „fertig werden musst". Was auch immer fertig für dich bedeutet. Dieses Bild können wir an dieser Stelle noch beliebig weiter ausmalen.

Wenn du dich in diesem Szenario (oder einem ähnlichen) wiedererkennst und dich womöglich seit vielen Jahren in selbigem befindest, aber eigentlich eine erfüllende Arbeit ersehnst, dann könnte es sein, dass der Glaubenssatz: „Arbeit darf keinen Spaß machen. Das ist kein Vergnügen, sondern bitterer Ernst und absolute Pflicht!" in deinem Leben eine zentrale Rolle spielt.

b) eine glückliche Beziehung:

Wenn du mit der festen Überzeugung aufgewachsen bist, „man kann keiner Frau / keinem Mann vertrauen", dann wird es für dich womöglich unmöglich sein, eine glückliche, erfüllende Beziehung zu führen. Selbst wenn du dir das vorgaukelst. Vermutlich wirst du deine Partnerin oder deinen Partner ständig kontrollieren oder versuchen einzuschränken. Evtl. ziehst du auch gerade jemanden an, der sich gerne kontrollieren oder einschränken lässt und du bist mit seiner Unterwürfigkeit unzufrieden. Oder aber du bist mit jemandem zusammen, der dich betrügt, belügt und hintergeht, sodass du dich in deinem Glaubenssatz bestätigt siehst: „Ich wusste es doch, man kann keiner Frau vertrauen." Womöglich entscheidest du dich dann (bewusst oder unbewusst), von nun an allein zu bleiben.

c) ein gutes Einkommen:

Wenn es in deinem bisherigen Umfeld verpönt war, ein gutes Einkommen zu haben oder Geld als etwas Schlechtes und Böses angesehen wurde, dann kann es sein, dass bei dir einer der folgenden Glaubenssätze sein Unwesen treibt:

„Reiche Menschen sind alle Betrüger. "

„Geld macht nicht glücklich. "

„In unserer Familie hatte noch nie jemand Geld. "

„Alle Menschen mit Geld sind geizig, sonst hätten sie ja kein Geld. "

Oder aber auch subtilere Glaubenssätze wie:

„Ich brauche eigentlich gar nicht viel Geld, um glücklich zu sein. "

„Mir steht das doch eigentlich gar nicht zu. "

Da das Thema Geld häufig eng mit dem Selbstwertgefühl gekoppelt ist, ist es besonders interessant und spannend.

Übung 1: Schau dir dazu zunächst einmal deine einzelnen Lebensbereiche an

Lass die einzelnen Bereiche in Ruhe auf dich wirken und schau, wo du unzufrieden bist. Frei nach dem Motto: „Erkenne dich selbst", ist die Bewusstwerdung eines Themas schon einmal ein erster Schritt in die Veränderung.

Lass dir dabei etwas Zeit. Wenn du zum Beispiel beim Thema Arbeit eine Resonanz spürst, dann kannst du auch enge Freunde oder deine Partnerin bzw. deinen Partner fragen, wenn du das Gefühl hast, dass sie dir eine ehrliche und hilfreiche Rückmeldung geben, ob sie dir zu diesem Thema einmal eine Rückmeldung geben können. Mach dir gerne dazu Notizen in deinem Notizblock, Tablet oder im Buch.

Gesundheit (geistig, seelisch und körperlich):

Beispiele für die gesundheitliche Situation:

Bist du Raucher, möchtest aber schon lange aufhören und schaffst es nicht?

Du möchtest seit Jahren Gewicht abnehmen und es mag dir einfach nicht gelingen?

Beziehungen (sowohl Partnerschaft als auch Kollegen, Freunde usw.):

Beispiel für die Situation in Beziehungen:

Hast du immer wieder Ärger und Schwierigkeiten in Freundschaften?

Arbeit:

Beispiel für die Situation in der Arbeit:

Bekommst du immer unangenehme Aufträge, die sonst niemand machen möchte und du traust dich nicht, das einmal zu thematisieren?

Einkommen und Besitz:

Beispiel für die Situation in Bezug auf Einkommen und Besitz:

Musst du ständig überlegen ob du dir dies oder das leisten kannst und hättest dennoch gerne mehr Geld und strebst nach einem höheren Einkommen? Es mag dir aber nicht gelingen, in diesem Thema Fortschritte zu erzielen, obwohl du hart daran arbeitest?

Übung 2:

Werde dir deiner Glaubenssätze bewusst und wandle sie um

In dieser Übung (in Anlehnung an eine Übung, die ich selbst bei meiner Kursleiter-Ausbildung zum Resilienztrainer bei der AHAB-Akademie durchgeführt habe) geht es darum, eigene Glaubenssätze bewusst zu machen:

Schau dir die folgenden Glaubenssätze einmal genau an und achte auf dein Gefühl dabei. Wenn du bei manchen eine Resonanz spürst, mache einen Haken dahinter. Schau, ob der eine oder andere auf dich zutrifft.

- Ich darf nicht glücklich sein.
- Geld verdirbt den Charakter.
- So wie ich aussehe bekomme ich nie eine / einen ab.
- Arbeit muss anstrengend sein.
- Ich darf an meinem Arbeitsplatz gegenüber meinen Vorgesetzten nicht meine Meinung äußern, sonst mache ich mir Feinde.
- Ich kann niemand anderem vertrauen.
- Alle wollen mich nur ausnutzen.
- Wenn ich immer alle (auch alle unangenehmen) Aufträge während der Arbeit erledige, dann werden sie mich befördern.
- Ich bin zu schwach, um mit dem Rauchen aufzuhören. Ich schaffe das nicht.
- Ich kann kein Gewicht abnehmen. Ich bin von Natur aus übergewichtig und dick.
- In meinem jetzigen Alter kann ich sowieso nichts mehr an mir und meinem Verhalten ändern.
- Mit 30 geht es abwärts.
- Ich hab eh zwei linke Hände und daher kein Geschick für handwerkliche Tätigkeiten.
- Auf der Autobahn kann ich kein Auto fahren.
- Ich habe mein Leben lang Kopfschmerzen.
- Ich bringe es nie zu etwas.

Gehe nun hin und ordne die genannten für dich zutreffenden Glaubenssätze ein und ergänze eigene, die dir zusätzlich eingefallen sind. Verwende dazu Notizblock, Tablet oder Buch:

a)

So ist die Welt (Weltbild)

Beispiel: Arbeit muss anstrengend sein.

So bin ich (Selbstbild):

Beispiel: Ich darf nicht glücklich sein.

b)

Gehe nun im nächsten Schritt hin und schau dir einen (nicht mehrere Glaubenssätze gleichzeitig) genauer an.

Beispiel: Arbeit muss anstrengend sein.

c)

Zweifle diesen Satz nun an. Finde drei Gründe (nach dem Motto „aller guten Dinge sind drei"), warum dein Glaubenssatz gar nicht unbedingt zutreffen muss.

Beispiel:

Meine Freundin Heike geht gerne zur Arbeit und kommt oft energievoll nach Hause. Ihr macht das richtig Spaß.

Mein Lieblingslehrer in der Schule hat immer gesagt: „Macht euer Hobby zum Beruf, dann braucht ihr nie mehr zu arbeiten." Das fand ich immer gut, konnte es allerdings nie wirklich glauben.

Es gibt viele Menschen, die gerne zur Arbeit gehen und ihre Arbeit nicht als anstrengend empfinden.

d)

Schreibe dir nun auf, wie dein Glaubenssatz positiv klingt:

Du sollst dich mit deinem neuen Glaubenssatz besser und wertvoller fühlen.

Beispiel:

Meine Arbeit darf mir leichtfallen und ich darf Spaß daran haben.

e)

Notiere dir nun wieder drei Argumente, warum dein neuer Glaubenssatz deine neue Realität ist bzw. sein darf:

Beispiel:

1. Ich habe es einfach verdient.

2. Ich bin dann produktiver und entspannter.

3. Der alte Glaubenssatz ist nicht meine Realität.

Führe die Übung nun für einige deiner Glaubenssätze durch. Es gibt auch noch weitere Möglichkeiten, um mit deinen Glaubenssätzen zu arbeiten. Da die Arbeit mit den Glaubenssätzen sehr tiefgehend und umfangreich ist, kann es sein, dass es für dich infrage kommt, die Thematik noch einmal mit einem Coach oder bei schwerwiegenderen Themen mit einem Psychotherapeuten anzugehen. Im Rahmen der angebotenen Resilienzkurse, die teilweise auch über die Krankenkasse mitfinanziert werden, wird umfassender auf die Glaubenssätze eingegangen.

Neue Lösungen finden oder das Bestehende akzeptieren

Die folgende Übung habe ich zum einen bewusst gewählt, da wir im Leben immer wieder mit diesem Thema konfrontiert werden und zum anderen, weil ich dieses Thema insbesondere aus meinem eigenen Leben nur allzu gut kenne. Es ist auch die Übung, die ich bei meiner Lehrprobe während der Resilienztrainer-Ausbildung in der AHAB-Akademie bewusst gewählt hatte. Die Übung ist also angelehnt an das LOOVANZ-Resilienztrainings-Konzept.

Im Laufe unseres Lebens begegnen uns immer wieder Probleme oder Herausforderungen, für die es nicht immer sofort eine Lösung gibt. Unsere Aufgabe ist es dann herauszufinden, was wir tun können oder ob wir diese Aufgabe evtl. auch gar nicht bewältigen können.

In der folgenden Übung gilt es nun herauszufinden, ob wir etwas tun können oder zunächst bzw. längerfristig in Bezug auf diese Herausforderung nichts tun können.

Das Beispiel dient dir dabei als Orientierungshilfe. Suche dir ein eigenes Beispiel aus deinem Leben, wo du eine Situation oder ein Thema hast und mit Akzeptieren oder Handeln (oder beidem) konfrontiert bist. Nimm dazu wieder deinen Notizblock, das Tablet oder mache dir Notizen im Buch.

Übung: Entwickle neue Lösungen oder akzeptiere das Bestehende

Benenne dein Thema / Herausforderung:

Beispiel:

Du möchtest die Arbeitsstelle wechseln, da du dich an deiner jetzigen Stelle unwohl fühlst. In Wohnortnähe gibt es derzeit keine passende Stelle, die dich reizt oder deine Arbeitssituation verbessert. In deinem Wohnort bist du in Vereinen und sozialen Kontakten gut eingebunden und fühlst dich deshalb dort wohl. Jetzt stellt sich durch die gewünschte Veränderung des Arbeitsortes auch die Frage nach einem etwaigen Umzug an einen anderen Wohnort.

Was könnte eine Lösung für dein Thema / Herausforderung sein?

Beispiel:

Der komplette Umzug in eine andere Stadt, um dort eine neue Tätigkeit zu beginnen, kommt für dich (noch) nicht in Frage. Du hältst Ausschau nach einer Stelle, wo du zwei Tage pro Woche von zu Hause aus arbeiten und damit weiterhin in deinem Heimatort wohnen bleiben kannst. Dafür nimmst du in Kauf, dass du 2 bis 3 Tage die Woche zur neuen Arbeitsstelle pendelst oder ein Appartement am Arbeitsort beziehst.

Schritte zur Umsetzung angehen oder eine Nicht-Lösung akzeptieren?

Beispiel:

Zunächst die jetzige Situation und ihren Wert (Wohn- und Arbeitssituation, soziale Kontakte und Vereine) akzeptieren und wertschätzen und gleichzeitig nach einer geeigneten beruflichen Lösung schauen. Zum Beispiel im Internet nach Stellen recherchieren oder gezielt Unternehmen oder Berater kontaktieren. Wichtig ist dabei, dass du dich darauf konzentrierst, was du an deiner neuen Arbeitsstelle und der damit eventuell verbundenen neuen Arbeits- und Lebenssituation haben möchtest bzw. wie diese aussehen soll. Konkret bedeutet das:

NICHT: Ich möchte nicht mehr mit vielen nervigen Kollegen in einem lauten Großraumbüro sitzen.

Sondern:

Ich arbeite in einem Büro mit 2, 3 netten Kollegen in ruhiger, angenehmer Atmosphäre.

Den Focus darauf zu lenken, was ich möchte und nicht darauf, was ich nicht möchte, ist wichtig, damit du mehr Klarheit hast, was du wirklich willst und du dich dann an der neuen Stelle und dem eventuell neuen Wohnort wohlfühlst.

Es können natürlich mehrere Bereiche sein, die dich an der aktuellen Arbeitsstelle stören. Werde dir bewusst, was es ist und überlege dir, wie es an der neuen Stelle und natürlich auch am neuen Wohnort sein soll. Oftmals ergibt sich dann im Laufe der Zeit von selbst eine zufriedenstellende Lösung.

Wenn allerdings in diesem Fall keinerlei Bereitschaft besteht, den Wohnort zu verlassen (auch nicht für 2 bis 3 Tage/Woche), dann gilt es, die aktuelle Situation auf unabsehbare Zeit zu akzeptieren.

Wie du neue Wege und Lösungen findest und dich vom Problem „löst"

Wer kennt sie nicht? Die Menschen, die für jede Lösung ein Problem haben. Die oftmals unter Umständen „gut gemeinten" Ratschläge und Zweifel mancher Kritiker können jedoch manche tolle, kreative und einfach umsetzbare Idee bereits im Keim ersticken.

Mit der „Walt-Disney-Methode" gebe ich dir im Folgenden eine einfache Übung an die Hand, die du allein aber auch in einem Gruppensetting durchführen kannst.

Ich persönlich finde sie auch gerade deshalb interessant und effektiv, weil du dabei auch körperlich etwas in Bewegung kommst und allein dadurch deinen Blickwinkel und deine Position auf und zu verschiedenen Ansichten veränderst. Dadurch erhältst du neue Erkenntnisse, die beim Sitzen vor Tablet, PC oder Schreibblock so nicht entstehen.

Übung: Finde neue Wege und Lösungen mit der Walt-Disney-Methode

Die Methode wurde nicht selbst von dem berühmten Trickfilmzeichner und Filmproduzenten aus den USA entwickelt, sondern von dem Trainer und Berater Robert B. Dilts.

Dilts beschrieb Walt Disney als einen Menschen, der aus drei Personen bestand: einem Träumer, einem Realisten und einem Kritiker.

Es geht nun darum, ein Thema oder Problem aus den drei genannten Perspektiven (Träumer, Realist, Kritiker) so lange anzuschauen, bis ein realisierbarer Lösungsansatz entsteht.

Hierzu ein Beispiel:

Frank möchte die Arbeitsstelle wechseln, da er sich an seiner jetzigen Stelle unterfordert fühlt. In Wohnortnähe gibt es derzeit keine passende Stelle, die er attraktiv findet. Nun ist Frank aber an seinem Wohnort im Fußballverein und in sozialen Kontakten gut eingebunden und fühlst sich deshalb dort wohl. Jetzt stellt sich durch die gewünschte Veränderung der Arbeit auf einmal auch die Frage nach einem etwaigen Umzug an einen anderen Wohnort. Auch seine Ehefrau und der gemeinsame Sohn (4) sind am aktuellen Wohnort gut integriert.

Frank stellt sich die Frage: Ich möchte mich beruflich dringend verändern, aber mein soziales Netz in meinem Wohnort möchte ich nicht aufgeben. Welche Möglichkeiten habe ich nun?

Träumer-Position:

Frank versetzt sich intensiv in diese Perspektive hinein. Er stellt sich vor, was er dort sieht, hört und fühlt.

Er ist sehr euphorisch. Er spürt, dass er deutlich mehr Energie hat. Er freut sich auf das Neue und auf das Abenteuer, einen neuen Ort zu erkunden. Er sieht sich an einer Arbeitsstelle, die ihn in seiner persönlichen Entwicklung weiterbringt. Auch seine finanziellen Möglichkeiten erweitern sich.

Realist-Position:

Frank glaubt, dass er ein geselliger Typ ist und sich leichttut, neue Kontakte zu finden. Auch die neue Arbeitsstelle zu finden und sich dort zu etablieren, traut er sich zu. Da er einen großen familiären Kreis und Bekanntenkreis hat, würde er auch schnell eine geeignete Wohnung in den Gegenden finden, in denen eine Arbeitsstelle infrage kommt. Frank ist zufrieden mit seinem Plan. Franks Ehefrau ist durch ihre Tätigkeit im Homeoffice örtlich ungebunden. Sein Sohn würde auch an einem neuen Ort einen Kindergartenplatz finden. Frank wäre auch bereit, 2 bis 3 Mal pro Woche zu pendeln.

Kritiker-Position:

Frank ist bereits seit vielen Jahren Jugendtrainer im hiesigen Fußballverein. Diese Aufgabe erfüllt ihn sehr und macht ihm Spaß. Bei einem Wechsel der Arbeitsstelle müsste er diese Tätigkeit beenden. Franks Ehefrau hat zwar den Vorteil des Homeoffice, ist aber auch im Ort sehr gut eingebunden und steht einem Umzug eher skeptisch gegenüber. Franks Sohn ist sehr oft bei den Großeltern, die ihn sehr mögen. Diese Unterstützung bzw. Ressource würde dann auch wegfallen. In Anbetracht dessen möchte Frank seine Pläne nicht mehr umsetzen.

Da Frank die Walt-Disney-Methode in einer Gruppe durchführt, bitten ihn die anderen Teilnehmer, noch mal die Realisten-Position einzunehmen.

Da er sich vorstellen kann, 2 bis 3 Tage die Woche zu pendeln und ein Homeoffice-Arbeitsplatz realistisch ist, ist ein Wechsel der Arbeitsstelle durchaus vorstellbar für ihn. Sein Co-Trainer im Fußballverein könnte einmal wöchentlich das Training allein abhalten. Er könnte dann immer noch zu den Spielen und einmal zum Training vor Ort sein.

Frank möchte an dieser Stelle seine Ergebnisse einmal in Ruhe verarbeiten und mit seiner Frau über alles sprechen.

Auf der neutralen Position betrachtet Frank nun noch einmal seine Ergebnisse. Er ist zufrieden, dass er sich dieses Thema einmal umfassender angeschaut hat. Auch wenn er nicht sofort die endgültige Lösung für sich gefunden hat, ist er dennoch zuversichtlich, dass er in der nächsten Zeit Klarheit in diesem Thema hat.

Komm jetzt selbst in Aktion:

Wenn du die Übung allein durchführst, dann gehe von Station zu Station. Du kannst dich an den einzelnen Stationen entweder hinstellen oder auf einen Stuhl setzen.

Solltest du die Übung in einer Gruppe durchführen, dann geht gemeinsam von Station zu Station und unterstützt euch in den jeweiligen Rollen.

Ihr könnt natürlich auch in der Gruppe einzeln jede Station durchlaufen.

Deine Ergebnisse an den einzelnen Stationen kannst du entweder auf ein Blatt Papier, einer Moderationskarte, Post-its (die du an der Station auf den Boden klebst) oder was auch immer für dich passend ist notieren.

Die einzelnen Stationen bestehen wie bereits erwähnt aus:

a. Träumer

b. Realist

c. Kritiker

und abschließend einem neutralen Beobachter

Wichtig ist dabei, dass du dich in jede Rolle so intensiv wie möglich hineinversetzt. Hier kannst du also nebenbei noch deine schauspielerischen Talente entwickeln und entdecken.

Wenn du dich also in der Rolle des *Träumers* befindest, dann sammelst du Ideen und Einfälle und bist kreativ. Vergleichbar mit einem Brainstorming. Keinesfalls planst du bereits, wie du deine Träume in die Realität umsetzt oder wirst kritisch wie z. B.: „Das klappt doch eh nicht!", „Alle erklären mich für verrückt." oder auch den altbekannten Glaubenssatz: „Träume sind Schäume.".

Zum Einstieg in diese Rolle eignen sich Sätze wie:

„Wenn alles möglich wäre, dann ..."

„Wenn ich zaubern könnte, dann ..."

Die Planung und Umsetzung schaust du dir in der Phase des *Realisierens* an. Du verfällst auf gar keinen Fall in den beiden Phasen des Träumens und Realisierens in die Phase des Kritisierens.

Geeignete Fragen sind hier u. a.:

„Welche Ressourcen habe ich zur Verfügung?"

„Was davon kann ich praktisch umsetzen?"

„Was brauche ich noch, um das umzusetzen?"

Keine Sorge, auch der *Kritiker* bekommt im Laufe der Übung ausreichend Gehör und Aufmerksamkeit.

Der Kritiker prüft anschließend die Vorschläge des Träumers und Realisten. Er ist dabei zwar streng und fordernd, doch achtet er auf positive Kritik. Seine Aufgabe ist es, Risiken zu erkennen und Fehler aufzudecken.

Da häufig nicht direkt eine zufriedenstellende Lösung entsteht, werden die Rollen noch einige Male besetzt und gewechselt, bis eine realisierbare und kreative Lösung entsteht.

Abschließend schaut sich der ***neutrale Beobachter*** die Lösung noch einmal an und schätzt diese ein.

Wie du Schritt für Schritt aus der Opferrolle herauskommst

Als resilienter Mensch richte ich meine Aufmerksamkeit nicht nur auf andere Personen und die Umstände, sondern setze mich aktiv mit der gegebenen Situation auseinander.

Die Opferrolle erscheint vielfach zunächst bequem. Ich kann mich zurücklehnen und unter anderem Folgendes tun:

- Andere für mein Scheitern **verantwortlich** machen.

- Mich in **Rachegelüste** hineinflüchten, weil ich glaube, im Recht zu sein.

- Weiterhin an einer ungeliebten Arbeitsstelle / Wohnort bleiben und keine Veränderung angehen. Denn das wäre dann ja mit der Übernahme von **Verantwortung** verbunden.

- In **Selbstmitleid** verfallen. Mir bringt das unter Umständen zwar Aufmerksamkeit oder auch zusätzliches Mitleid. Nur ist das die Form von Aufmerksamkeit und Beachtung, die du wirklich willst?

- **Mich immer wieder mit anderen vergleichen.** Es gibt immer jemanden, der reicher, schöner, intelligenter, belesener usw. ist. Du wirst diesen Vergleichswettbewerb auf Dauer nicht gewinnen.

- **Undankbar sein und nichts zu schätzen wissen.** Dankbar und ganz einfach mal zufrieden sein mit dem, was ich erreicht habe und vom Leben, meinen Eltern, Freunden, Nachbarn usw. bekommen habe, erhöht meine Zufriedenheit, schafft Motivation und führt nach meiner eigenen Erfahrung zu mehr Erleichterung.

- **Lästern … kann auch mal befreiend und menschlich sein.** Wenn es jedoch ein ständiger Begleiter in deinem Alltag ist, dann kann es sein, dass du dich dadurch über andere erheben möchtest und damit deine Mängel, Schwächen und Unsicherheiten überdecken bzw. kompensieren möchtest.

Übung: Finde Schritt für Schritt aus der Opferrolle heraus

Die Übung ist angelehnt an eine Übung, die ich im Rahmen meiner Ausbildung bei der AHAB-Akademie im LOOVANZ-Resilienztrainings-Konzept kennengelernt habe und die ich für sehr geeignet halte, ein Thema / Problem / Herausforderung gezielt anzugehen und sich der damit verbundenen Mechanismen klar zu werden.

Hier nun die einzelnen Schritte der Übung:

a) Werde dir einer bestimmten Situation aus deinem Leben bewusst, die dich stark beschäftigt und schau dir an, ob du die gerade beschriebenen 6 Merkmale der Opferrolle bei dir ausmachen kannst.

Z. B.: Neulich bat ich in einer Angelegenheit eine Bekannte (Lisa) um eine Rückmeldung. Hierbei erzählte ich ihr die Geschichte von einem Kooperationspartner, der mit mir eine Geschäftsbeziehung eingehen möchte. Dieser Kooperationspartner (nennen wir in Gerd) reist geschäftlich viel durch die Welt und verbringt einen Großteil seiner Zeit an den schönsten Orten der Erde und kommt dabei mit vielen sehr interessanten und teilweise berühmten Menschen in Kontakt. Als ich Lisa von Gerd und unseren Plänen berichtete, machte sich bei ihr ein Unbehagen breit. Da ich es schnell bemerkte und Lisa sehr reflektiert ist, konnten wir schnell erkennen, was passiert war in der Situation. Als wir uns über ihr Unbehagen unterhielten, stellte sich heraus, dass Lisa:

- *sich mit Gerd verglich („der ist so weit rumgekommen und hat so viel erlebt und kennt viele interessante Menschen")*

- *in Selbstmitleid verfiel („ich darf das alles nicht erleben, was der erlebt")*

- *undankbar ist (Lisa wohnt selbst in einer tollen Wohnung in einer schönen Gegend, hat viele positive Kontakte usw.)*

b) Mach dir bewusst, welchen Anteil du an der Situation hast?

In unserem Beispiel: Lisa erkannte, dass sie es zulässt, dass Gerds Lebenssituation, den sie nicht einmal kennt, sie emotional sehr stark belastet, sodass sich ihre Stimmung deutlich verschlechterte.

101

Was ist dein Mehrwert aus dieser Situation bzw. was kannst du daraus für dich gewinnen?

In unserem Beispiel: Lisa ist zunächst etwas betroffen von dem Ganzen. Im Nachhinein ist sie jedoch erleichtert und froh darüber, dieses Thema bei sich erkannt zu haben. Des Weiteren kann sie ihre eigene Lebenssituation nun mit mehr Dankbarkeit genießen.

Was kannst du von deinen vorhandenen Ressourcen und Stärken nutzen, um das Thema / die Herausforderung zu meistern?

In unserem Beispiel: Da Lisa sehr reflektiert ist und an ihrer persönlichen Entwicklung interessiert ist, fiel es ihr recht leicht, sich dieses Thema einmal genauer anzuschauen und sich mit mir darüber auszutauschen.

Dass auch keine Lösung bzw. keine Verbesserung der Situation in Ordnung ist.

In unserem Beispiel: Es ist auch ok, wenn Lisa es nicht schaffen würde trotz ihrer Reflexionsbereitschaft und ihrem Interesse an ihrer Entwicklung es nicht schafft, sich so schnell aus dieser emotionalen Umklammerung zu befreien.

c) Welche Vorteile ergeben sich nun konkret für dich, wenn du die Opferrolle verlässt?

* angenehmere Emotionen und Gefühle
* die Gedanken sind deutlich besser

Du übernimmst wieder die Kontrolle über die Situation und dich selbst.

* proaktiv mit der Herausforderung umgehen

Du übernimmst die Verantwortung für das Thema.

In unserem Beispiel: Lisa verspürt Erleichterung und Dankbarkeit. Aufgrund ihrer Ressourcen (Reflexionsbereitschaft und Interesse an ihrer persönlichen Entwicklung) ist sie in der Lage, diese Herausforderung proaktiv anzugehen.

102

d) Befreie dich von der Opferrolle. Geh die Dinge an, die zu tun sind. Akzeptiere und / oder erlaube dir zunächst einmal, nichts zu tun, wenn du nichts tun kannst.

An der persönlichen Entwicklung, dem Vertrauen in sich selbst, dem Bewusstwerden über sich selbst und somit am Selbstwertgefühl zu arbeiten, hilft immer dabei, die Opferrolle nachhaltig zu verlassen!

Wie du deine persönlichen Werte herausfindest

In unserem Leben begegnen wir der Verantwortung in vielen Bereichen. Häufig ist der Begriff Verantwortung negativ behaftet und erzeugt Unbehagen und Druck.

Verantwortung kommt z. B. im Strafrecht (bei Gesetzesbruch) oder im Zivilrecht (jemand missachtet versehentlich die Vorfahrt und ein anderer kommt zu Schaden) vor. Im Familienrecht ist geregelt, welche Verantwortung Eltern ihren Kindern gegenüber haben.

Es gibt weiterhin eine soziale Verantwortung. D. h., eine Verantwortung gegenüber unseren Mitmenschen z. B. in einer Familie, im Sportverein oder an unserem Arbeitsplatz.

Interessant wird es nun, wenn wir uns anschauen, welche Verantwortung wir uns selbst und unserem Gewissen gegenüber haben. Dafür ist es erforderlich, dass wir uns einmal mit uns selbst und auch mit der Welt auseinandergesetzt haben. Wir finden heraus, welche Werte und Normen uns wichtig sind und für was wir einstehen wollen.

Finde nun in der folgenden Übung heraus, welche Werte dir wichtig sind und welche Werte in deinem Leben eine gewichtige Rolle spielen. Im Folgenden gebe ich dir einige Beispiele für Werte:

- Aufmerksamkeit, Attraktivität, Anerkennung, Anpassungsfähigkeit, Akzeptanz, Achtsamkeit

- Bildung, Beharrlichkeit, Besitz

- Disziplin, Dankbarkeit, Demut
- Ehrlichkeit, Entscheidungsfähigkeit
- Flexibilität, Freundlichkeit, Familie, Freundschaft
- Geduld, Großzügigkeit
- Harmonie, Hilfsbereitschaft, Humor, Herausforderung
- Integrität, Innovation, Intuition
- Klugheit, Konservativ, Kreativität
- Leidenschaft, Loyalität
- Mut, Mitgefühl
- Neutralität, Nächstenliebe, Natürlichkeit
- Ordnung, Optimismus, Offenheit
- Pflichtgefühl, Partnerschaft
- Respekt, Rücksichtnahme
- Sauberkeit, Stabilität, Spiritualität
- Treue, Taktgefühl, Tradition
- Unbestechlichkeit
- Vertrauen, Verlässlichkeit, Verantwortung
- Weisheit, Würde
- Zuverlässigkeit, Zielstrebigkeit

Du findest im Internet viele weitere Beispiele für Werte. Wenn du dir deiner Werte bewusst bist, dann fällt es dir wesentlich leichter, Entscheidungen zu treffen:

Ein Beispiel: Wenn Zuverlässigkeit ein wichtiger Wert in deinem Leben ist und du dir dessen vollkommen bewusst bist, dann sagst du nicht leichtfertig ein länger vereinbartes Treffen mit einem Freund ab. Wenn du einen triftigen Grund hast und du es deshalb doch absagst, dann tust du dies mit einem gewissen Taktgefühl.

Anhand dieses Beispiels erkennst du den unmittelbaren Zusammenhang zwischen Werten und Verantwortung.

Ich persönlich finde die Thematik Werte sehr wichtig. Aus diesem Grund habe ich bewusst die Auseinandersetzung mit den eigenen Werten als Übung zur Verantwortung ausgewählt.

Übung: Finde deine individuellen Werte heraus

Sieh dir die einzelnen Werte in der Liste noch einmal an. Eventuell fallen dir dann auch noch intuitiv zusätzliche Werte ein. Oder schau, wie bereits erwähnt, noch mal in diversen Listen im Internet nach.

Zur Unterstützung gebe ich dir einige Fragen an die Hand, die dir dabei helfen, deine individuellen Werte herauszufinden.

Notiere dir dann im Notizblock, Tablet oder Buch 6 Werte, die dir wichtig sind.

Bei der Übung geht es darum, sich überhaupt einmal grundsätzlich mit seinen eigenen Werten auseinanderzusetzen und sich dieser bewusst zu werden.

Hier nun die Fragen:

- Was stärkt mein Vertrauen in mich selbst?
- Was macht mich stolz?
- Welche Werte würde ich vor anderen verteidigen?

Wie du deine Netzwerke und Beziehungen erfolgreich gestaltest

Ein soziales Netzwerk ist im Verlauf unseres Lebens fundamental wichtig. Sei es im beruflichen oder auch im privaten Leben. Das soziale Netzwerk kann sich im Laufe des Lebens verändern. Stehen in der Kindheit und Jugend noch Spielkameraden im Vordergrund oder Freunde, die bei den Matheaufgaben Unterstützung geben, verändern sich die Dinge mit zunehmendem Alter und auch die Netzwerke werden häufig breiter und komplexer. Jemand, der gerne verreist, freut sich z. B. über eine Freundin, die im Reisebüro arbeitet und gute Tipps zu Flügen zur Verfügung hat. Eine Sportstudentin, die gerne Volleyball spielt, freut sich darüber, wenn es an ihrer Uni ein Volleyballfeld gibt, auf dem sich abends regelmäßig eine Gruppe zum Spielen trifft. Wenn sie neu in der Stadt ist, dann ist sie evtl. dankbar dafür, wenn die Gruppe nach dem Spiel noch in die benachbarte Lokalität geht, um gemeinsam etwas zu trinken. Dadurch kann sie neue Kontakte knüpfen. Es gibt vielleicht den ein oder anderen Tipp für eine schöne Wohnung oder Wochenendpläne werden geschmiedet.

Wenn wir uns in Phasen der Veränderung befinden, halten wir oft Ausschau nach Menschen, die das gleiche Ansinnen haben. Dank des Internets ist es heutzutage möglich, unser Netzwerk kontinuierlich zu erweitern und zu verändern. Wenn ich bemerke, dass in meinem Leben etwas fehlt bzw. dass es frischen Wind braucht, dann kann ich mich in den schier grenzenlosen Weiten des Internets auf die Suche machen. Ich halte Ausschau, ob es etwas für mich Passendes und Ansprechendes gibt. Sei es ein passendes Fitnessstudio, ein Workshop oder auch gemeinsame Aktivitäten, die auf verschiedenen Social-Media-Plattformen und Apps allerorts angeboten werden. Dort finde ich Gleichgesinnte zum Wandern, Schwimmen, Fußball, Boxen, Tanzen oder was auch immer dich anspricht. Vorausgesetzt du wohnst in einer Großstadt. Aber auch in ländlichen Regionen haben sich die Möglichkeiten im Laufe der Jahre enorm gesteigert.

Für Unternehmer und Selbstständige ist die Netzwerkarbeit dringend erforderlich. Hierdurch erhält man u. a. wertvolle Tipps, neue kreative Ideen entstehen usw.

Um in der Netzwerkarbeit voranzukommen, ist es oft erforderlich über seinen eigenen Schatten zu springen. Da ich in meinem Leben bereits mehrfach in eine andere Stadt umgezogen bin, musste ich immer wieder aktiv werden, um mir Kontakte und ein Netzwerk aufzubauen. Das ist nicht immer einfach, da es auch Momente der inneren Unsicherheit gibt oder Augenblicke, in denen es etwas anstrengend erscheint, sich aufzuraffen und zu diesem oder jenem Treffen zu gehen. Aber langfristig lohnt es sich dranzubleiben.

Wenn du dich aktuell in einer Phase des Lebens befindest, in der vieles stagniert und es nicht mehr weitergeht, könnte es sein, dass du dein bestehendes Netzwerk einmal überdenken bzw. anschauen solltest. Hieraus gewinnst du dann unter Umständen wichtige Erkenntnisse, die dich auch in anderen Bereichen weiterbringen.

Übung: Analysiere deine Netzwerke und gestalte sie erfolgreich

a) Im ersten Schritt trägst du in den Kreisen die Personen ein, die zu deinem sozialen Netzwerk zählen. Nimm dazu wieder deinen Notizblock, dein Tablet oder direkt das Buch.

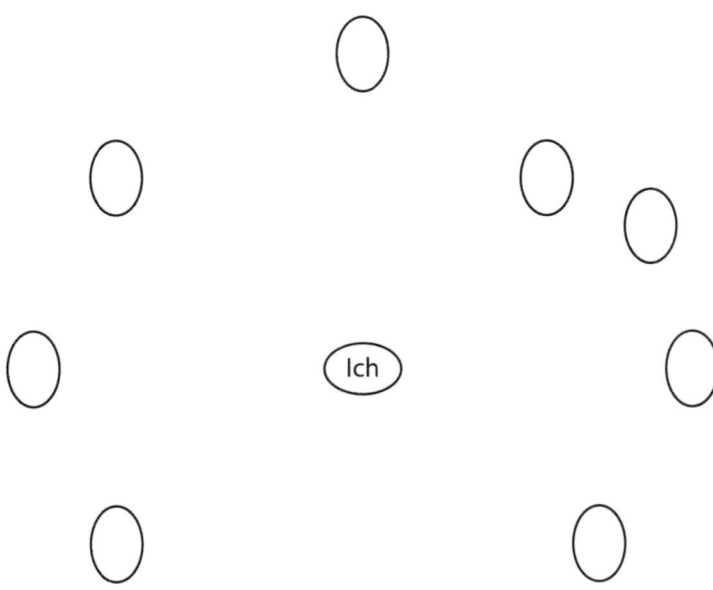

b) Schau dir nun deine einzelnen Kontakte etwas genauer an.

- Wer stärkt dich und gibt dir Energie?
- Wer nutzt dich aus?
- Wer braucht deine Hilfe?

- Wer entzieht dir Energie?

- Wer ist neutral?

Schreibe die Namen hinter die jeweiligen Fragen und lass das Ganze einmal kurz auf dich wirken.

c) Überlege dir nun:

- Mit wem möchte ich mehr Kontakt?

- Mit wem möchte ich weniger Kontakt?

- Braucht es unter Umständen neue Kontakte?

- Kann ich bestehende Kontakte miteinander verbinden?

d) Du willst einem Netzwerk z. B. Verein, Wandergruppe, Stammtisch, Unternehmernetzwerk usw. beitreten.

Was bringt dir das für einen Mehrwert?

Welchen Nutzen bzw. Mehrwert hat das Netzwerk von dir?

e) Formuliere eine 60-sekündige „Fahrstuhlrede". Fahrstuhlrede, weil es darum geht, sich kurz und knapp zu präsentieren. Also z. B. während einer kurzen Fahrstuhlfahrt. Dieser Begriff kommt aus der Geschäftswelt und ist in diesem Zusammenhang und im Hinblick auf Resilienz in vielerlei Hinsicht sehr nützlich.

Du entwickelst damit gleich mehrere Kompetenzen (ich persönlich finde, alle!) im Bereich Resilienz gleichzeitig.

Gehe wie folgt vor und halte dich dabei an die Zeit (30 bis 60 Sekunden).

Überlege dir zunächst, ob du als Unternehmer oder Angestellter etwas bestimmtes anbietest z. B. eine bestimmte Idee oder Dienstleistung ODER ob du dich als Privatperson in einer bestehenden Gruppe vorstellst oder dich einfach deinen neuen Nachbarn vorstellst.

Es ist dabei nicht wichtig, ob du diese 60-sekündige Rede tatsächlich hältst, sondern nur, dass du sie einmal für dich aufgesetzt hast und dich dabei besser kennenlernst und dir deiner selbst mehr bewusst wirst.

Ich gebe dir nun zwei einfache Beispiele. Eines passend für die Geschäftswelt und eines zugeschnitten aufs Privatleben:

Geschäftswelt: Guten Tag, mein Name ist Robert Müller. Ich helfe Führungskräften dabei, besser mit ihren Emotionen umgehen zu können, denn nur wer sich selbst führen und leiten kann, der kann auch andere Menschen leiten. Hier ist meine Visitenkarte.

Privatleben (möchte bestehender Wandergruppe beitreten): Hallo, ich bin Franziska, ich habe schon seit langem meine Liebe zu Natur, frischer Luft und Bewegung entdeckt. Ich backe leidenschaftlich gerne Muffins und bringe gerne zu den Wanderungen meine neuen Kreationen zur Verpflegung mit. Hier ist meine Handynummer.

Formuliere nun deine eigene Fahrstuhlrede.

Beschreibe kurz, wer du bist, was du machst, leistest oder gerne tust. Welchen Nutzen oder Vorteil du mitbringst. Wie du erreichbar bist.

Wie du dir bewusst wirst, was du im Leben bereits erreicht hast und neue Ziele findest

„Mehr als die Vergangenheit interessiert mich die Zukunft, denn in ihr gedenke ich zu leben." (Albert Einstein)

Menschen die zukunftsorientiert sind, freuen sich mit Spannung auf die Zukunft. Die Ereignisse und Dinge, die in der Zukunft auf sie zukommen, werden mit Vorfreude erwartet. Die Zukunft wird betrachtet als etwas, das neue Chancen, neue Kontakte, neue Erfahrungen, mehr Reife, Fortschritte, neue Pläne usw. bereithält.

Den Kontrast dazu stellen nicht-zukunftsorientierte Menschen dar. Sie leben oft in der Vergangenheit, haften weiter an alten Glaubenssätzen, sehen manchmal die Zukunft als etwas Bedrohliches an und glauben, keinen Einfluss darauf zu haben.

Die zukunftsorientierten Menschen hingegen nehmen ihr eigenes Leben in die Hand und planen ihre Zukunft. Sie stellen Weichen, oftmals bereits Jahre im Voraus. Manchmal werden sie vielleicht auch gefragt, warum sie dies oder das tun. Sie besuchen z. B. ein Seminar und werden gefragt, wofür das nötig ist. Darauf gibt es dann nicht immer eine konkrete Antwort. Eine mögliche Antwort ist: „Ich tue es für meine Entwicklung". Dann, Jahre später, sind diese Menschen unter Umständen erfolgreiche Trainer und haben viele Jahre vorher bereits mit der Entwicklung ihrer Persönlichkeit den Grundstein für ihren persönlichen und beruflichen Erfolg entwickelt und sich – teilweise auch im hohen Alter – noch einmal völlig neu erfunden oder besser gesagt, neu geboren.

Gruhl, 2008 beschreibt die Zukunftsorientierung folgendermaßen:

„Zukunftsorientierung bedeutet, Pläne zu machen und an der Erreichung von Zielen zu arbeiten. Dabei ist es unumgänglich, sich seiner Ressourcen bewusst zu sein, um eine realistische Zielplanung vornehmen zu können. Dies verlangt ein gewisses Maß an Selbstwirksamkeit, dem Bewusstsein seiner eigenen Stärken sowie Fähigkeiten und die Überzeugung, etwas ausrichten zu können. Zudem ist es wichtig, für die Erreichung der Ziele bereit zu sein, sich anzustrengen und die Überwindung von Hindernissen nicht zu scheuen."

Übung: Mache dir bewusst, was du in deinem Leben erreicht hast und formuliere deine Ziele

Werde dir im ersten Schritt zunächst einmal bewusst, was du in deinem Leben bereits erreicht hast.

Es geht dabei NICHT nur um den Schulabschluss, sondern ganz allgemein. Werde dir so genau wie möglich bewusst darüber, was du alles schon hast und was du schon erreicht hast.

Schau dir das nachfolgende Beispiel der alleinerziehenden Mutter an und beginne dann mit der Übung. Gehe auf die einzelnen Bereiche so genau wie möglich ein. Lass dir gerne mehr zu den einzelnen Punkten einfallen als im vorliegenden Beispiel.

Notiere dir deine Ergebnisse im Tablet, Notizblock oder im Buch.

Familie, Kinder:

z. B.: Ich habe als alleinerziehende Mutter zwei Kinder allein aufgezogen und ein super Verhältnis zu ihnen.

Beruf, Ausbildung:

z. B.: Ich habe es geschafft, als alleinerziehende Mutter in der Abendschule noch meinen Fachwirt zu machen und bin jetzt Bereichsleiterin in unserem Unternehmen.

Freundschaften:

z. B.: Ich habe zwei richtig gute Freundinnen, mit denen ich über alles reden kann und die immer für mich da sind.

Schlechte Angewohnheiten, die du überwunden hast:

z. B.: Ich habe seit 8 Jahren mit dem Rauchen aufgehört.

Dinge, die du gelernt oder dir beigebracht hast:

z. B.: Ich bin eine super Köchin geworden. Früher war ich etwas unorganisiert. Heute bin ich ein richtiges Organisationswunder.

Formuliere nun im nächsten Schritt deine:

* ultrakurzfristigen Ziele (in 2 Monaten)

z. B.: Ich trete dem hiesigen Tennisverein bei.

Ich bespreche Angelegenheit X mit meinem Chef.

Ich nutze mein Smartphone täglich 30 Minuten.

- deine kurzfristigen Ziele (in 1 Jahr)

z. B.: Ich habe meine Hypnosegrundausbildung abgeschlossen.

Ich arbeite als Selbstständiger in angenehmen und ruhigen Räumlichkeiten.

Ich heirate meine Freundin.

- deine mittelfristigen Ziele (in 3 Jahren)

z. B.: Meine Freundin und ich wohnen in einer größeren, tollen Wohnung und wir haben ein Kind.

Ich habe in meiner Selbstständigkeit genügend Kunden, sodass ich voll selbstständig bin.

- deine langfristigen Ziele (in 10 Jahren)

z. B.: Wir haben eine Familie mit zwei Kindern und sind glücklich miteinander.

Ich bin mit meiner Selbstständigkeit erfolgreich und habe einen Angestellten.

Die Übung ist kein endgültiges Festlegen, sondern zunächst einmal ein Experimentieren damit. Nimm maximal drei Ziele pro Zeitabschnitt.

Wichtig!

Achte bei der Formulierung deiner Ziele darauf, dass du:

- keine Negationen verwendest und positiv formulierst, Beispiel: NICHT: „Ich habe keine Angst mehr." SONDERN: „Ich bin mutig und habe Selbstvertrauen."

- deine Ziele in der Gegenwart formulierst, Beispiel Wohnungssuche: „Ich lebe in einer tollen Wohnung."

- deine Ziele konkret formulierst, Beispiel: NICHT: „Ich fühle mich wohl und mir geht es gut." SONDERN: Auf einen konkreten Bereich in deinem Leben bezogen: „Ich komme am Abend nach der Arbeit gerne nach Hause in meine Wohnung und genieße die Ruhe und Gemütlichkeit meiner Wohnung."

– dein Ziel selbst erreichen kannst,Beispiel: Du bist unzufrieden mit deinen Arbeitskollegen. Irgendwie kannst du mit ihnen keinen Spaß haben und du fühlst dich häufig deplatziert und missverstanden. Es ist kaum erreichbar bzw. realistisch, dass sich diese Kollegen so verändern, dass ihr auf einmal beste Freunde werdet. Wenn du versuchst, sie zu verändern reibst du dich innerlich auf und befindest dich in einer Abhängigkeit. Eine geeignete Zielformulierung wäre hier: „Ich habe nette Kollegen. Wir haben viel Spaß miteinander. Wir verstehen uns gut und ich bin froh darüber, mit ihnen zusammen zu arbeiten."

Wie du deine Selbstwirksamkeit entdeckst und mit welchen Gefühlen das verbunden ist

In diesem Zusammenhang stelle ich anhand des Beispiels der Erreichung eines Zieles hohe und niedrige Selbstwirksamkeit gegenüber:

ausgeprägte Selbstwirksamkeit	wenig ausgeprägte Selbstwirksamkeit
Forderndes, aber realisierbares Ziel wird gewählt.	Ziel ist entweder zu leicht oder nicht realisierbar.
Probleme und Herausforderungen während des Zielerreichungsprozesses werden angenommen und das Ziel wird weiter verfolgt.	Bei Problemen und Herausforderungen während des Zielerreichungsprozesses wird schnell aufgegeben.
Die Zielsetzung bleibt bestehen, auch wenn das Ziel nicht unmittelbar erreicht wird.	Ziele werden aufgegeben oder niedriger gesteckt, wenn zunächst kein Erfolg eintritt.
Ist bereit, die Anstrengung zu erhöhen, wenn die Ergebnisse nicht zufriedenstellend sind.	Anstrengung wird reduziert, wenn die Ergebnisse nicht zufriedenstellend sind.

Wie ich bereits an anderer Stelle des Öfteren erwähnt habe, geht es bei der Steigerung der individuellen Resilienz darum, die einzelnen Faktoren zu erhöhen. Dadurch erhöht sich dann auch automatisch häufig gleichzeitig ein anderer Faktor mit. Es geht immer wieder darum, mich selbst besser kennenzulernen und dann aus diesen Erkenntnissen einen Nutzen und Mehrwert für meine Resilienz zu erhalten.

Übung: Entdecke und spüre deine Selbstwirksamkeit

1. Überlege dir drei Situationen aus deinem Leben, in denen du Selbstwirksamkeit erlebt hast. Es sollten drei Situationen sein, die so verlaufen sind wie du dir das erwünscht hast.

z. B.: Ruth ist 75 Jahre alt. Sie überlegt sich, ein Smartphone zu kaufen um flexibler und besser erreichbar zu sein. Zunächst zweifelt sie daran, ob sie es schafft, es bedienen zu können, auch im Hinblick auf ihr Alter. Sie entschließt sich, das Gerät zu kaufen und nach kurzer Zeit ist sie in der Bedienung weitestgehend sicher. Sie ist nun froh darüber, sich ein Smartphone gekauft zu haben und stolz darauf, sich dessen Bedienung schnell angeeignet zu haben.

2. Wähle ein Beispiel aus den drei Situationen aus. Schau dir die Situation genau an und finde heraus, was dich dabei unterstützte, dieses Thema zu meistern.

z. B.: In unserem Beispiel erinnerte sich Ruth daran, wie sie vor ein paar Jahren den sicheren Umgang mit ihrem PC erlernte. Aufgrund dieser positiven Vorerfahrung in Bezug auf ihre Selbstwirksamkeit war sie sich sicher, auch das Smartphone bedienen zu können.

3. Halte dir die Situation noch einmal so genau wie möglich vor Augen. Vergegenwärtige dir nun noch einmal genau den Moment, als du spüren konntest, dass du die Situation beeinflusst. Nimm dieses Gefühl so intensiv wie möglich wahr und genieße es.

z. B.: Nachdem Ruth das Smartphone erworben hatte, stellte sie nach 8 Tagen fest, dass sie bereits in einer App mit einem Messengerdienst sicher und schnell Nachrichten und ihre ersten selbstfotografierten Fotos versenden kann. Sie verspürt darüber Freude, Zufriedenheit und Stolz.

Nimm dir nun wieder deinen Notizblock oder dein Tablet und beginne mit der Übung.

Mit dem Turbo-Booster in die AufwärtsspiraleIm

Zusammenhang mit Resilienz ist es wichtig, über hilfreiche Methoden und Handwerkszeug zu verfügen, das einfach funktioniert und überall angewendet werden kann.

Ich persönlich wende bei mir häufig eine einfache, aber sehr wirkungsvolle Methode an.

Es handelt sich dabei um eine Dankbarkeitsübung. Diese funktioniert folgendermaßen:

Ich fange mit ganz einfachen und scheinbar „selbstverständlichen" Dingen an. Hierzu ein konkretes Beispiel:

Ich liege abends im Bett, mein Kopf ist voll vom Tag, einige anstehende Themen bereiten mir Sorgen und dadurch machen sich negative Gedanken breit. In solchen Momenten greife ich dann auf die Dankbarkeitsübung zurück. Zunächst werde ich mir bewusst, dass wenn ich diesen negativen Gedanken mehr Raum gebe, ich mich in einer Abwärtsspirale befinde. Dadurch besteht die Gefahr, mich in diesem negativen Denken zu verlieren, wenn ich nun nicht anfange, in eine andere Richtung zu denken und zu fühlen. Ich beginne zunächst mit einfachen und scheinbar „selbstverständlichen" Dingen. Ich sage mir selbst:

„Ich bin dankbar dafür, dass ich gesund bin. Ich bin dankbar dafür, dass ich zwei Arme und Beine habe. Ich bin dankbar dafür, dass ich eine bequeme Matratze habe, auf der ich liege, und ein bequemes Kopfkissen. Ich bin dankbar dafür, dass ich eine warme Decke habe. Ich bin dankbar dafür, dass ich die Möglichkeit habe, dieses Buch schreiben zu können. Ich bin dankbar dafür, dass mein Verleger mich dabei unterstützt. Ich bin dankbar dafür, dass ich die Möglichkeit hatte, diese oder jene Ausbildung in meinem Leben zu machen. Ich bin dankbar dafür, dass ich kreativ bin. Ich bin dankbar dafür, dass ich durch diese Kreativität immer neue Dinge entwickle, die mir beruflich weiterhelfen. Ich bin dankbar dafür, dass diese Ideen mir neue Möglichkeiten und Hoffnung geben und ich mich darauf verlassen kann, dass ich auch in schwierigen Situationen wieder einen neuen Weg finde. Ich bin dankbar für die gemachten Erfahrungen in meinem Leben und dass ich diese Erfahrungen mit dir in diesem Buch teilen darf."

Ich glaube, du verstehst, wie diese Übung funktioniert. Hier nochmal kurz zusammengefasst:

Du kannst diese Übung immer und überall machen. Beim Fahrradfahren, in der Straßenbahn oder abends im Bett.

Du kannst die Übung in allen Stimmungslagen anwenden, sowohl wenn du dich in negativen Gedanken verlierst als auch, wenn es dir gut geht oder als tägliches Ritual. Beispielsweise morgens beim Wachwerden. Besonders wirkungsvoll ist diese Übung beim Einschlafen, da du dann anstatt mit Sorgen oder negativen Gedanken mit positiven Gedanken einschläfst.

Sei für die scheinbar „banalsten" Dinge dankbar, wie zwei Arme und Beine (denn das ist nicht selbstverständlich) oder fließendes Wasser und ein Dach über dem Kopf zu haben.

„Repetition is the key to success" (verschiedene Autoren) „Wiederholung ist der Schlüssel zum Erfolg". Führe die Dankbarkeitsübung so oft wie möglich durch.

Spüre die Dankbarkeit auch innerlich und körperlich, z. B. für die Wärme der Bettdecke oder für die Zufriedenheit oder Geborgenheit, die du in deiner Wohnung empfindest.

Viele meiner Klienten kennen Dankbarkeitsübungen bereits, doch werden diese häufig etwas oberflächlich und halbherzig absolviert. Um eine positive Wirkung zu erzielen, ist es wichtig, diese Übung so intensiv wie möglich durchzuführen.

ÜBER DEN AUTOR

In den vielen Jahren meiner Arbeit mit Klienten und mir selbst habe ich immer wieder nach Wegen gesucht, um mit Blockaden, Hindernissen und Spannungen, die ich in mir selbst fand oder die mir von außen in den Weg gestellt wurden, umzugehen.

Auf meinem Weg durfte ich viele interessante Frauen und Männer kennenlernen, von denen ich lernen konnte. Dabei bin ich immer wieder neuen Methoden begegnet, die mir bei den unterschiedlichsten Herausforderungen des Lebens in meiner Rolle als Vater, Freund, Kollege usw. weitergeholfen haben. Mir wurde bewusst, dass die Entwicklung der eigenen Persönlichkeit, hin zu mehr Freiheit, Bewusstheit und letztlich zur Steigerung des Selbstwerts in der Balance und gleichmäßigen, schrittweisen Entwicklung von Körper, Geist und Seele liegt. Nur dann kann ich wirklich und nachhaltig erfolgreich sein, dem Leben und seinen Anforderungen gewachsen sein und dies auch ausstrahlen.

Deshalb habe ich mich im Laufe meines Lebens mit den Themen psychische Widerstandsfähigkeit und Selbstwert intensiv auseinandergesetzt. An meinem ganzheitlichen Erfahrungsschatz lasse ich dich gerne teilhaben.

In meinem Alltag helfe ich Menschen dabei, mehr Freiheit in ihrem Leben zu gewinnen.

Ich unterstütze meine Klienten mithilfe von Hypnose, Entspannung und Körperarbeit dabei, ihre persönlichen Themen zu meistern und dadurch mehr innere und äußere Freiheit zu erlangen.

117

Ich arbeite dabei, neben meiner Tätigkeit als zertifizierter Resilienztrainer mit folgenden Methoden:

Hypnose

- Stress reduzieren
- Psychische Widerstandsfähigkeit / Resilienz erhöhen
- mehr Selbstvertrauen
- Rauchfrei
- Abnehmen
- Ängste überwinden

Entspannung

- Autogenes Training
- Progressive Muskelentspannung

Körperarbeit

- Myoreflextraining
- TMX Trigger
- Myofasziales Training

Wenn du das Gefühl hast, dass in deiner jetzigen Lebenssituation etwas fehlt, dann setz dich gerne mit mir in Verbindung. Ich kann dir sicherlich weiterhelfen. Du findest mich unter:

Facebook: www.facebook.com/hypnoseundmyoreflexpraxis

Instagram: www.instagram.com/juergen_simonis/

Webseite: www.juergensimonis.de

E-Mail: kontakt@juergensimonis.de

Online Shop: www.shop.juergensimonis.de

Literaturverzeichnis

Werner, E. E. & Smith, R. S. (1977): Kauai's children come of age. Honolulu: University Press of Hawaii.

Allport, G. & Odbert, H. S. (1936): Trait-names: A psycho-lexical study. Psychological Monographs. Whole No. 211, S. 171.

Frankl, V. (2018): Trotzdem Ja zum Leben sagen: Ein Psychologe erlebt das Konzentrationslager. Penguin Verlag.

Scheithauer, H. & Petermann, F. (1999): Zur Wirkungsweise von Risiko- und Schutzfaktoren in der Entwicklung von Kindern und Jugendlichen. 8 (1), 3-14.

Selye, H. (1956): The stress of life. New York: McGraw-Hill.

Adolphsen, C. (2011): Autogenes Training für Dummies. S. 43-44.

Branden, N. (2010): Die 6 Säulen des Selbstwertgefühls: Erfolgreich und zufrieden durch ein starkes Selbst. Piper Taschenbuch Verlag.

Meaney, M. (2005): Wie die Zuwendung der Eltern die Stressvulnerabilität beeinflusst: Molekularbiologische Grundlagen sozialer Erfahrung. Verhaltenstherapie 2005; 15: 110-112.

Coelho, P. (2016): Elf Minuten. Diogenes Verlag AG.

Dr. Büntig, W. (1993): Beachtung-ein menschliches Grundbedürfnis. https://www.zist.de/de/veroeffentlichung/beachtung-ein-menschliches-grundbeduerfnis (abgerufen am 06.10.2019).

AHAB-Akademie GmbH (2019): LOOVANZ. Das Resilienz-Trainingsprogramm für Erwachsene zur Stressbewältigung. Trainermanual.

Grünstäudl, M. (2013): Hinterfrage deine Glaubenssätze.

http://1001erfolgsgeheimnisse.com/2013/03/12/glaubenssaetze-hinterfragen/ (abgerufen am 06.10.2019).

Jan (2019): Walt-Disney-Methode.

https://www.unternehmerlexikon.de/walt-disney-methode/

(abgerufen am 06.10.2019).

Gruhl, M. (2008): Die Strategie der Stehauf-Menschen: Resilienz - so nutzen Sie Ihre inneren Kräfte. Herder Verlag.